haz tu propia magia

haz tu propia magia

*Una guía empoderadora
de brujería para principiantes*

amanda lovelace

Ilustraciones de Raquel Aparicio

Gaia
Ediciones

Título original: *Make Your Own Magic*

Traducción: Blanca González Villegas

Diseño de cubierta: Susan Van Horn

© 2024, Amanda Lovelace por el texto
© 2024, Raquel Aparicio por las ilustraciones de cubierta e interior
© Hachette Book Group, Inc. por la cubierta

Publicado por acuerdo con Running Press, un sello de Perseus Book, LLC, división de Hachette Group, Inc., Nueva York, NY, EE. UU.
Todos los derechos reservados.

De la presente edición en castellano:
© Distribuciones Alfaomega S.L., Gaia Ediciones, 2024
  Alquimia, 6 - 28933 Móstoles (Madrid) - España
  Tel.: 91 617 08 67
  www.grupogaia.es - E-mail: grupogaia@grupogaia.es

Primera edición: septiembre de 2025

Depósito legal: M.5005-2025
I.S.B.N.: 978-84-1108-177-1

Impreso en China

Para la niña triste que

en otros tiempos creyó que no tenía magia:

oh, mi dulce niña de otoño,

estabas equivocada

de la forma más hermosa.

Índice

Nota de la autora

¡Hola, lectora!

Bienvenida a esta guía de brujería.

Si a mis quince años me hubieras dicho que algún día iba a escribir un libro como el que ahora sostienes en tus manos, dudo mucho que te hubiera creído. De hecho, lo más probable es que me hubiera reído a carcajadas.

Aunque en aquellos días no me reía demasiado.

Lo cierto es que, durante una gran parte de mi vida, he sido una persona profundamente infeliz.

Las experiencias traumáticas que sufrí a una edad muy temprana me hicieron contemplar el mundo como un lugar desagradable y sin esperanzas. Para mí, la existencia de algo como la magia no era ni *remotamente* posible.

Bueno, sí que es verdad que en las páginas de los cuentos de hadas y de los mundos de fantasía me escapaba siempre que se me presentaba la posibilidad, pero no aquí.

Aquí, nunca.

Aunque toda la vida me he sentido inexplicablemente atraída por la brujería, durante mi adolescencia la mayor parte de los libros que encontré vinculados a este tema me intimidaban, pues parecían más bien un *maleficio*. Transmitían la impresión de que la magia era algo extremadamente complicado porque utilizaban un montón de términos que, para mí, resultaban ininteligibles y exigían unos ingredientes que alguien como yo no podía conseguir.

Por aquel entonces, mis más anhelados sueños de convertirme en una bruja parecían demasiado irreales, así que me desentendí del asunto provisionalmente, convencida de que era un desperdicio de tiempo y energía.

Finalmente, a los veintipocos años, cuando encontré contenidos en línea fáciles de digerir y breves, me sentí suficientemente valiente como para realizar mi primer hechizo. Empecé con algo que ya hacía a diario (preparar y tomar café) y di con el modo de convertirlo en un asunto mágico (¡sí, te lo voy a enseñar!). Durante mucho tiempo, solo tuve valor para eso, que, por poco que pareciera, bastaba para devolver una pequeña chispa de luz a mis ojos.

Y llegamos, por fin, a la actualidad: ahora mis días suelen estar llenos de magia, tanto grande como pequeña.

(Eso sí: fundamentalmente, solo pequeña).

Aunque los hechizos grandes y complicados pueden resultar divertidos, está claro que no son imprescindibles para convertirte en una bruja. La magia pequeña y sencilla que no te estresa es muy válida. Y también lo es la que no agota tu cuenta bancaria, la que hace que tu día a día sea un poquito más alegre.

Por suerte, las cosas han cambiado mucho desde que yo era una joven aspirante a bruja. Ahora vivimos en un mundo en el que la brujería está de moda en todas las plataformas de redes sociales y en el que la mayoría de los grandes almacenes más importantes venden libros apropiados para quienes deseen iniciarse en este asunto. Sin embargo, esta obra es la que me habría gustado tener cuando era una novata abrumada, cuando ansiaba tan desesperadamente poder apretar una mano experta mientras iba desentrañándolo todo.

No quiero que nadie se sienta tan perdida como yo, así que no vas a encontrar en estas páginas nada demasiado sofisticado ni elaborado; este es un lugar seguro y comprensivo en el que puedes empezar a crear la práctica de brujería que más te convenga.

Confío en que, para cuando llegues a la última página, te habrás permitido la alegría de hacer un poquito de magia por tu cuenta.

Con amor,
AMANDA

Hasta el borde estaba llena
de rayos de luna y fulgor de estrellas,
que ella atenuaba a conciencia.

Y eso tenía sentido, según creía,
pues así más fácilmente fingía
que era incapaz de brillar
con mayor intensidad.

Si yo pudiera, volvería atrás y le explicaría:
«Nadie dijo jamás que hacer magia
algo sencillo sería».

Estar a la altura de tu pleno potencial rara vez lo es.

Primera parte

Nociones básicas

«Entonces, ¿qué hace falta para ser bruja?»

La cultura pop está repleta de brujas de ficción. Por eso, cuando escuchas a alguien pronunciar la palabra *bruja*, tu mente se va de inmediato a las hermanas Halliwell de *Embrujadas* (tanto la versión original como la nueva) o a Bonnie Bennet de *Crónicas vampíricas*, o quizá incluso a Sabrina, de *Sabrina, cosas de brujas* (o *Las escalofriantes aventuras de Sabrina*).

Todas ellas son unos personajes increíbles que sin duda han conmovido a muchas personas (en especial a las que pertenecemos a la comunidad *queer*, que a menudo nos vemos reflejadas en estas marginadas mágicas), y hasta es posible que sus creadores se inspiraran en brujas reales. Sin embargo, ninguno de estos personajes representa cabalmente lo que las brujas de nuestro mundo son en realidad.

En la mayoría de los casos, la brujería de verdad está mucho menos relacionada con invocar las llamas del infierno que con invocar cierta dosis de autoconfianza.

Aunque, a decir verdad, cada bruja ejerce su arte de una manera distinta (¿no sería aburridísimo si todas fuéramos iguales?). Para muchas, yo misma incluida, ser una bruja consiste en reconocer que albergamos la magia necesaria para hacer realidad prácticamente todo aquello que deseemos. No nos limitamos a permanecer sentadas, a la espera de que la vida suceda para nosotras; damos un paso al frente y nos ponemos manos a la obra.

En aquellas situaciones en las que antes nos sentíamos *impotentes*, ahora nos sentimos *poderosas*.

«¿Puedo ser una bruja?»

En una palabra: sí.

Para darte una respuesta ligeramente más larga: desde luego. Todo el mundo tiene el potencial de llevar a la práctica su propia magia. La *decisión* de denominarte bruja o no depende exclusivamente de ti.

«¿Cómo hago magia?»

La mayor parte de las veces, las brujas hacen magia lanzando una cosa denominada —probablemente lo has adivinado—: ¡hechizo!

Lo más seguro es que hayas hecho algo parecido antes, al menos en una ocasión.

¿Acaso una vez al año no cierras los ojos y formulas un deseo mientras soplas las velas de tu tarta de cumpleaños? Pues eso es algo muy parecido a un ritual de manifestación.

La diferencia consiste en que, cuando una bruja lanza un hechizo, por lo general no suele formular un deseo.

En mis prácticas mágicas, me gusta reclamar como mío aquello que quiero y confiar en que se va a hacer realidad, porque mi voluntad es, por sí sola, una afirmación muy potente.

Mi hechizo suele empezar con una intención en forma de afirmación autoempoderadora. Es muy fácil: lo único que tienes que hacer es considerar eso que quieres que suceda (por ejemplo, puede tratarse de algo externo, como cultivar un jardín para que se vea hermoso en primavera, o de algo más bien interior, como gozar de una confianza completa y total en el camino que estás recorriendo) o aquello en lo que te quieres convertir (por ejemplo, una persona llena de confianza en sí misma, inspirada o tranquila) y decirlo como si ya fuese verdad. Eso significa que tienes que emplear el presente.

Como bruja, no deberías pedir: «*Por favor, por favor, ¿sería posible mantenerme fuerte en esta situación tan difícil?*».

No. Lo que debes hacer es declarar con firmeza: «Soy una tía estupenda, capaz de hacer frente a todo aquello que la vida me lance, incluido esto».

¿Notas la diferencia?

Aunque está claro que las palabras pueden ser efectivas por sí mismas, para una bruja llegan a serlo todavía más si las combina con otras cosas, como ciertas acciones y herramientas. Cuanta más energía y atención pongas en tu hechizo, más potente —más *real*— será.

Los hechizos pueden emplearse una sola vez; sin embargo, si los repites constantemente (ya sea de manera exacta o sea con algunas variaciones), se convierten en un ritual. (Lo mismo sucede con muchísimas actividades cotidianas. ¿Tomas café todas las mañanas o una infusión todas las noches? ¡Eso son rituales!). Ciertamente, los rituales tienden a ser un poco más elaborados que los hechizos diarios, sobre todo porque, con el tiempo, pueden perfeccionarse y desarrollarse.

Sobre brujas, paganas y wiccanas

A menudo hay cierta confusión en torno a las diferencias existentes entre una bruja, una pagana y una wiccana, lo cual es comprensible. Por eso he pensado que estaría bien aclarar un poco estos conceptos.

- Una bruja: alguien que practica la brujería, lo que a menudo implica lanzar hechizos, participar en rituales y trabajar en sintonía con la naturaleza. No se trata, necesariamente, de una actividad religiosa. Pueden convertirse en brujas las personas pertenecientes a cualquier religión (o a ninguna).

- Una pagana: alguien que practica una religión pagana. Es un término muy amplio, que abarca muchas religiones basadas en la naturaleza. Por simplificar, aunque sea en exceso, estas personas suelen venerar a más de un dios o diosa (es decir, son *politeístas*) y muchas, pero no todas, practican la brujería y se consideran a sí mismas brujas.

- Una wiccana: alguien que sigue la religión de la wicca, una rama del paganismo fundada a mediados del siglo xx. A menudo, pero no siempre, creen en una divinidad dual (dios y diosa) y viven según un conjunto de principios denominados «rede wiccana». Aunque muchas wiccanas practican la brujería y se denominan a sí mismas brujas, no todas lo hacen.

Debido a la popularidad de la wicca en las últimas décadas del siglo XX y las primeras del XXI, sus creencias y tradiciones han influido en la forma en la que muchas brujas practican hoy en día la brujería moderna, aunque no sean conscientes de ello. Si bien este libro no trata sobre el paganismo o la wicca, sino que aborda la brujería tal y como yo la veo, está claro que, a lo largo de sus páginas, vas a encontrarte con algunas influencias de aquellas tradiciones, como la rueda del año (veremos esto más adelante).

¿Sigues confundida?

◆ Al igual que todos los católicos son cristianos, **todas las wiccanas son paganas.**

◆ Al igual que no todos los cristianos son católicos, **no todas las paganas son wiccanas.**

◆ Aunque a menudo sí sucede, **no todas las paganas y las wiccanas son brujas** o practican la magia.

◆ **Cualquiera puede ser bruja** (no solo las paganas o las wiccanas), con independencia de la religión que profese.

Tu diario mágico

A continuación, es importante que empieces a llevar un diario mágico (es posible que oigas a algunas brujas referirse a él como *grimorio* o *libro de sombras*, pero yo lo seguiré denominando *diario mágico*).

A decir verdad, cualquier viejo cuaderno que tengas por ahí puede servirte, aunque te recomiendo que, de ser posible, te hagas con un archivador grande que te permita añadir cosas con facilidad y cambiarlas de lugar. Si prefieres contar con un poco más de orientación, puedes buscar un diario guiado, que es aquel en el que otra bruja ofrece diversas pistas para empezar a tomar apuntes. ¡Yo misma he elaborado uno!

Por supuesto, *estamos* en el siglo XXI y la mayoría de nosotras tenemos al menos cierta destreza con la tecnología, por lo que puedes optar por llevar un diario mágico en un ordenador, móvil o tableta de confianza (da igual lo que digan los demás, tu diario *no* se revelará menos mágico solo porque sea electrónico).

El diario mágico es el espacio en el que puedes reflexionar sobre el punto en el que te encuentras, tanto en lo que respecta a tu viaje de brujería como a tu vida; tomar nota de cuanto hayas aprendido (gracias a este libro y a otros, así como a cualquier fuente con la que te hayas topado, como vídeos o información de otras brujas) y registrar detalles sobre diversas cosas, como hechizos, rituales y lecturas del tarot o de cartas oráculo.

Observarás que, a partir de este momento, en algunas páginas incluiré apuntes para tu diario mágico. Con ello pretendo que te pongas manos a la obra y empieces a reflexionar sobre ti misma. Espero que esas notas te inspiren y te lleven a descubrir la magia en todos los aspectos de tu vida.

Con toda esta información al alcance de la mano, te convertirás, con el tiempo, en una bruja más fuerte; confía en mí. Por la razón que fuere, en mis primeros años de práctica, decidí no llevar un diario mágico, y todos los días lamento esa determinación. No puedo volver la vista atrás y repasar mis numerosos avances, y ya no hay forma de cambiar esta situación.

Hazlo mejor que yo.

Si mi experiencia te sirve para algo, lo más probable es que, en el transcurso de tu práctica, vayas teniendo muchos diarios mágicos, así que intenta no presionarte demasiado para conseguir que el primero sea perfecto. El *aspecto* que presente no es ni de lejos tan importante como las *sensaciones* que te produzca. Aunque pueda resultar tentador, no hace falta que te lances a gastar un montón de dinero en pegatinas y rotuladores para que quede bonito. Sé todo lo realista que puedas y recuerda que no pasa nada si cuentas con un presupuesto muy limitado: no por ello dejas de ser auténticamente *tú*.

APUNTE PARA TU DIARIO MÁGICO: *Piensa en el viaje mágico que se abre ante ti. ¿Qué es lo que más te emociona? ¿Qué te da más miedo? Sácalo todo afuera. Marca esta entrada y asegúrate de volver a ella en algún momento futuro para ver lo lejos que has llegado.*

Tu altar mágico

Ahora que ya tienes tu diario mágico, ha llegado el momento de buscar un lugar para tu primer altar mágico, un sitio expresamente dedicado al trabajo de tu magia interior, ya sea en forma de hechizos, rituales, adivinación, meditación y muchas cosas más.

Puede tratarse de cualquier sitio: una estantería, una mesilla de noche, una bandeja… No hace falta que sea extravagante. Simplemente, asegúrate de que esté limpio y de que dispones de espacio suficiente para tu práctica mágica. (Ten en cuenta que siempre puedes cambiar el altar de lugar más adelante, si fuese necesario. No estás obligada a mantener el primero que elegiste, si se te queda pequeño o ya no te sirve).

Otra cosa que debes tener en cuenta es tu nivel de comodidad personal. Si vives con otras personas, plantéate si crees que aceptarán el hecho de que practiques la brujería. Si estás absolutamente segura de que sí, entonces podrías considerar la posibilidad de establecer un altar permanente a la vista de todos. Sin embargo, si convives con gente de mente cerrada o que no te inspire seguridad, tal vez te convenga elegir un recipiente o una caja que puedas esconder y sacar cuando dispongas de privacidad.

De todas formas, creo que te sorprendería saber la cantidad de veces que la gente ha visto mi altar sin tener ni idea de qué era lo que estaban contemplando. ¡Al fin y al cabo, hoy en día casi todo el mundo tiene en su casa cristales, velas y otras cosas por el estilo!

No ser aceptada

Gracias a su popularidad en diversas plataformas de redes sociales, como TikTok e Instagram, la brujería va volviéndose no solo cada vez más conocida, sino también más *comprendida*.

Por desgracia, a pesar de ello, algunos siguen negándose a abrirle su corazón y su mente.

Debes ser consciente de que hay muchísimas personas que continúan creyendo que se trata de algo malvado y que las brujas solo tienen malas intenciones, aunque esas ideas no pueden estar más lejos de la realidad. Esta gente es incluso capaz de utilizar retóricas religiosas dañinas para intentar convencerte de que eres una mala persona y de que lo que haces es perverso.

Te pido, por favor, que seas consciente de que no te mereces ese trato.

Jamás tengas miedo de ser tú misma, digan lo que digan los demás.

Quizá se te rompa el corazón al ver que las personas a las que quieres no te aceptan; lo bueno es que también habrá un montón de gente que no solo te comprenderá, sino que practicará asimismo la brujería. Si no sabes cómo encontrar brujas en tu zona, acude a la tienda de brujería más cercana y pregunta por eventos y reuniones. Si todo lo demás falla, explora diversos rincones de Internet (Facebook o Discord, por ejemplo) para encontrar grupos de apoyo en línea a los que puedas unirte.

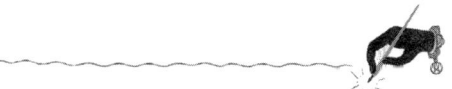

APUNTE PARA TU DIARIO MÁGICO: *¿Tienes intención de decir a los demás que eres una bruja, si así es como decides identificarte? En ese caso, ¿cómo se lo vas a explicar? Siempre resulta conveniente tener ya preparados algunos temas de conversación, sobre todo si te sientes nerviosa ante la posible reacción de tus interlocutores. Si decides no identificarte como bruja, ¿cómo vas a explicar tu práctica mágica si alguien te pregunta por ella?*

Algunas personas denominan *estar en el armario de las escobas* al hecho de esconder su lado brujeril ante los demás por miedo a ser juzgadas. No recuerdo si en algún momento he utilizado esa expresión (durante mucho tiempo no reflexioné en profundidad sobre su significado), pero he decidido que, definitivamente, no la emplearé. Esta frase gira claramente en torno a la idea de estar en el armario como persona *queer* y, según mi experiencia en ambas cosas, no creo que dichas situaciones se puedan equiparar, ni me parece apropiado hacerlo, aunque esa es solo mi opinión. ¡Escribe libremente en tu diario mágico lo que piensas acerca de esto!

No te atrevas
a pintar tus alas de polilla

solo porque alguien
te haya dicho que prefiere las de mariposa.

Sé tú misma: no hay actitud en el mundo más hermosa.

Tu altar mágico
(con tu participación estelar)

Tu magia interior es lo que hace posible todo el resto de la magia, y por eso resulta de lo más apropiado que coloques en tu altar algo que reconozca y honre esta parte de ti.

En primer lugar, déjame hacerte una pregunta: *cuando piensas en todas las cosas asombrosas que eres capaz de hacer, ¿qué es lo que ves?*

Puede que sea una obra de arte que hayas creado.

O quizá un premio o un trofeo por alguno de tus logros.

O una foto Polaroid de ti misma durante uno de tus momentos más felices, como un cumpleaños o una graduación.

¡No le des demasiadas vueltas a esta parte!

El símbolo de tu magia interna puede ser cualquier cosa, siempre y cuando tenga para ti un significado. Elige lo primero que te venga a la cabeza.

Decidas lo que decidas, colócalo en el centro de tu altar, en primer plano, porque a partir de ahora va a ser el punto focal: *tú* vas a ser el foco, el centro de todo.

Con el tiempo, puedes añadir cosas, o incluso cambiarlas de vez en cuando. Yo suelo colocar el último libro que he escrito o la última baraja que he cocreado, objetos que sustituyo cuando publico algo nuevo. Mi escritura es parte de mi magia.

APUNTE PARA TU DIARIO MÁGICO: *Si te notas atascada, pregúntate:* **«¿Qué me hace sentir orgullosa de ser yo?»**, *y escribe libremente durante cinco minutos (pon el bolígrafo sobre el papel y redacta de forma continuada, sin filtros), hasta que se te ocurra algo.*

Tus herramientas mágicas

Las herramientas mágicas te ofrecen una forma de dirigir tu magia interior. Te ayudan a hacerla realidad, tanto física como energéticamente.

Una buena parte de tu altar debe ser práctica y ajustarse a tus necesidades mágicas personales. En las próximas páginas encontrarás algunas herramientas básicas que quizá te apetezca colocar sobre él, en su interior o a su alrededor (con este propósito, resulta útil tener cerca algunos cajones, baldas o cajas).

Ya sé, ya sé, parece mucho, pero intenta no abrumarte demasiado con esta lista.

Se trata de cosas que puedes ir obteniendo poco a poco a lo largo de tu práctica. Si necesitas algo y no tienes medio para conseguirlo, sé una bruja con recursos y sustitúyelo por otra cosa que ya tengas a mano.

Por ejemplo, si no dispones de un jarrón, no pasa nada. Limpia y utiliza un tarro de mermelada vacío. Si no cuentas con un cristal de cuarzo transparente, da igual: encuentra y usa una piedra bonita, que funciona del mismo modo y (por lo general) es gratis. Tu práctica debe adaptarse *a ti*, y no al revés.

«¡Bueno, esto debería bastar!» es, básicamente, mi frase favorita como bruja. Veamos las herramientas:

◆ Tu diario mágico.

◆ Un utensilio para escribir.

◆ Hojas de papel borrador: las usarás para infinitas cosas, entre ellas, para anotar afirmaciones.

◆ Una vela blanca: mucha gente la considera una vela multiusos porque el color blanco contiene todos los demás. (¿No puedes tener una llama en tu casa? ¡Sustitúyela por una vela a pilas!).

◆ Un encendedor o unas cerillas: los usarás para encender velas y también para quemar papel o hierbas.

◆ Un apagavelas, para apagar tus velas de forma segura.

◆ Un utensilio para recortar la mecha de las velas antes y después de cada uso (una mecha no recortada = una llama grande = ¡peligro!).

> **¡Siempre que utilices fuego para los hechizos, ten mucho cuidado y sigue las normas de seguridad!**

◆ Romero seco: muchas personas lo consideran la hierba multiusos por excelencia debido a sus infinitas propiedades (es bueno tenerlo en hojas y en manojos secos; estos últimos pueden utilizarse para hacer sahumerios de limpieza).

◆ Un cristal de cuarzo transparente: muchas personas lo consideran el cristal multiusos por antonomasia porque puede amplificar cualquier intención que le des.

- Rosas secas: muchas personas las consideran las flores multiusos por excelencia debido a la misma razón señalada en el caso del romero: ¡sus numerosas propiedades mágicas!

- Utensilios de adivinación, como una baraja de tarot, unas cartas oráculo o un péndulo: para reflexionar y obtener orientación, entre otros usos.

- Un caldero o un plato ignífugo: para quemar papeles y hierbas o para poner agua.

- Una campana: una estupenda herramienta de limpieza y protección.

- Tarros, tazas y saquitos de toda clase de formas y tamaños; no te haces idea de los muchísimos usos que tienen. Para empezar, pueden servir para guardar hierbas e ingredientes, e incluso para contener muchos hechizos, en cuyo caso se denominan «bolsas de hechizos».

Herramientas multiusos

Es probable que hayas observado que he sugerido algunas herramientas multiusos: una vela blanca para sustituir a cualquier otra vela, romero seco para sustituir cualquier hierba, un cristal de cuarzo transparente para sustituir cualquier cristal y rosas secas para sustituir cualquier otra flor.

Debes ser consciente de que ha habido mucho debate entre las brujas sobre si estos utensilios multiusos deben estimularse o no porque, según algunas, existen otros más concretos y eficaces que se pueden emplear en su lugar.

Yo personalmente creo que la intención que tenga una bruja cuando utilice sus herramientas y sus propias correspondencias personales es lo que realmente importa. También creo que cualquier cosa que facilite, aunque solo sea un poco, el viaje de brujería de una persona (sobre todo al principio) debería considerarse algo positivo.

Puedes considerar estas herramientas multiusos como un mero punto de partida o una forma de sustituir algo cuando sea necesario.

Tú decides.

«¿Correspondencias personales?»

¡Sí!

La mayoría de las herramientas mágicas tienen correspondencias mágicas establecidas que puedes encontrar en libros o haciendo una búsqueda por Internet. Aunque me doy cuenta de su importancia, creo que las correspondencias personales de una bruja son *muchísimo* más importantes.

Aunque creas que no, tienes pensamientos y experiencias que te aportan una perspectiva única del mundo, y esta va a hacer que tus hechizos sean más especiales y poderosos porque tu magia está, en último término, hecha a *tu* medida.

A continuación encontrarás listas de correspondencias establecidas para utensilios como velas, hierbas y cristales. Puedes emplearlas como referencia a la hora de preparar hechizos, pero hagas lo que hagas, no las consideres tu santo grial.

Pongamos, por ejemplo, que un hechizo de felicidad te pide una vela amarilla porque esa es la correspondencia establecida. Muy bien. Sin embargo, es posible que cuando *tú* piensas en la felicidad, te venga a la mente el azul por un recuerdo que tienes de un día divertido que pasaste nadando en el mar. O quizá el color azul te hace superfeliz y no sabes por qué. ¡Pues sustituye la vela amarilla por otra azul!

Tus velas

- Blanca (vela multiusos): limpieza, paz y protección.

- Negra: antinegatividad, rechazo y protección.

- Gris: equilibrio, calma y descanso.

- Roja: confianza en ti misma, autoempoderamiento y fuerza.

- Rosa: compasión, cuidado y amor propio.

- Naranja: ambición, creatividad y justicia.

- Amarilla: inteligencia, alegría y positividad.

- Verde: crecimiento, prosperidad y autoestima.

- Azul: sanación, inspiración y verdad.

- ◆ Morada: intuición, magia y sabiduría.

- ◆ Marrón: enraizamiento, seguridad y estabilidad.

- ◆ Dorada: suerte, poder y éxito.

- ◆ Plateada: sueños, meditación e introspección.

Las velas, como probablemente sabrás, pueden ser de varias formas y tamaños. Algunas de las más populares entre las brujas son las de té o las de bujía (las alargadas), porque son más pequeñas y tienden a quemarse relativamente rápido en comparación con otras más grandes; de todas formas, puedes utilizarlas de cualquier tamaño y quizá descubras que, con el tiempo, vas desarrollando tus propias preferencias. También funcionan bien las perfumadas, pero son todavía mejores cuando utilizas un aroma asociado con el propósito de tu hechizo.

Uno de los hechizos más sencillos que puedes hacer es encender una vela mientras pronuncias una afirmación. Por ejemplo, si necesitas una dosis rápida de amor propio, puedes prender una vela rosa y decir algo como: «Soy tan amable conmigo como con otras personas». Si tienes tiempo, deja que la vela se consuma totalmente; si no, apágala (no, con ello no vas a estropear nada) y vuelve a encenderla cuando tengas oportunidad.

Tus flores y hierbas

- Hojas de laurel: rechazo, manifestación y magia relacionada con el dinero.

- Manzanilla: positividad, prosperidad, consuelo.

- Canela: energía, autoempoderamiento y calor.

- Lavanda: calma, intuición y descanso.

- Menta: abundancia, sanación y buena suerte.

- Rosa (flor multiusos): belleza, amor y amor hacia una misma.

- Romero (hierba multiusos): limpieza, protección y rememoración.

Siempre resulta muy conveniente tener sal a mano. Tanto la de mesa como la marina pueden emplearse para cualquier limpieza y protección. La rosa del Himalaya es estupenda para hacer una limpieza suave, sobre todo en hechizos de amor hacia una misma. La negra es fantástica para mantener a raya la negatividad.

Puedes añadir hierbas y flores comestibles a tus recetas o a comida ya preparada (toma siempre las debidas precauciones para asegurarte de que las que estés usando se pueden comer sin peligro). No solo aportan sabor a las comidas, sino que también les añaden sus propiedades mágicas. Si, por ejemplo, necesitas un poco de atrevimiento, espolvorea un poco de canela en la tostada o en las gachas mientras dices: «No me asusta ir hoy en busca de mis objetivos». ¡Sí, así de fácil!

Tus cristales

◆ Amatista: calma, intuición y sabiduría.

La mayor parte de las amatistas que encontramos por ahí son en tonos morados, pero mi favorita es la rosa. Considero que me inspira el amor hacia mí misma que necesito para confiar en mi intuición sin dudar. Si puedes hacerte con una, es muy posible que te resulte útil si a ti también te cuesta confiar en la tuya.

◆ Aguamarina: autoexpresión, tranquilidad y verdad.

◆ Turmalina negra: antinegatividad, defensa contra las preocupaciones y protección.

◆ Citrino: ambición, alegría y manifestación.

- Cuarzo transparente (cristal multiusos): claridad, limpieza y sanación.

- Ágata musgosa: abundancia, enraizamiento y crecimiento.

- Fluorita arcoíris: creatividad, concentración e individualidad.

- Piedra de luna arcoíris (también denominada *labradorita blanca*): armonía, introspección y nuevos comienzos.

- Cuarzo rosa: belleza, amabilidad y amor hacia una misma.

- Ojo de tigre: confianza, valor y autoempoderamiento.

A la hora de comprar cristales, busca tiendas que los obtengan por métodos éticos. Si no estás segura, pregúntales directamente. Recoge esa información y haz tus propias investigaciones. ¿Hacen daño a la tierra con sus métodos de extracción? ¿Tratan de manera justa a sus trabajadores? Ambos son aspectos importantes a tener en cuenta.

El simple hecho de llevar un cristal puede ser un hechizo. En primer lugar, elige uno que tenga la energía que te gustaría adquirir y límpialo (véanse las páginas 35-36). A continuación, cárgalo con tu intención. Para ello debes cogerlo y decir una afirmación. Por ejemplo, puedes coger una turmalina negra y decir: «Mis preocupaciones no me gobiernan ni me impiden tener experiencias de vida positivas». Después, métetela en el bolsillo o en una bolsa. Algunas brujas bromean diciendo que se ponen los cristales en el sujetador. ¡Aunque resulte muy divertido (y cómodo), yo no te lo aconsejo porque puede ser un lugar muy sudoroso y el agua estropea algunos cristales!

Cristales que desaparecen

A medida que vayas trabajando más con los cristales, quizá observes que algunos desaparecen.

Hace años, por ejemplo, me compré un precioso collar doble de cristal de cuarzo transparente en un puestecito temporal que pusieron en el centro comercial. La mujer que me lo vendió me dijo que los collares dobles de cristal de cuarzo transparente pueden atraer a tu alma gemela.

Por desgracia, al cabo de pocos meses de llevarlo siempre puesto, lo extravié. Sencillamente… desapareció. Sin dejar rastro. Estuve años buscando por toda la casa y no di con él. Me *encantaba* aquel collar, así que de vez en cuando todavía me acuerdo de él.

Aunque puede resultar frustrante que te desaparezcan cristales, en realidad puede ser algo *bueno*.

Por aquel entonces no me daba cuenta, pero resulta absolutamente lógico que mi collar doble de cuarzo transparente desapareciera cuando lo hizo.

En realidad, lo cierto es que jamás lo necesité, porque por aquel entonces ya había conocido a quien es hoy mi pareja. Todavía no tengo claro si creo o no en las almas gemelas, pero si son reales, entonces mi mujer es claramente la mía.

> Tus cristales también pueden romperse de vez en cuando. Si lo hacen de una forma poco habitual o inesperada, podría significar también que ya han terminado de cumplir su propósito en tu vida. De todas formas, si eso sucede, puedes devolverlos a la Madre Tierra enterrándolos en algún lugar al aire libre o incluso en la tierra de una maceta que tengas en casa.

Creo que algunos cristales te encuentran cuando más los necesitas y se van cuando dejan de serte útiles. No estoy segura de *adónde* van ni de *cómo* lo hacen. Puedes decidir tú misma si quieres creerlo o no. Hay quien dice que son cuentos de hadas (un tema para un libro muy diferente), pero ¿quién sabe? A mí me gusta pensar que van a alguien que necesita su magia mucho más que tú.

Limpiar tus cristales

Todas las cosas poseen su propia energía exclusiva, incluidas nuestras herramientas mágicas. Después de todo, por eso las usamos… ¡para complementar y potenciar el propósito de nuestro hechizo!

De todas formas, también pueden *recoger* energía extra de las personas, lugares y cosas que tengan cerca, y esta no siempre será la más estimulante o positiva. De hecho, a veces puede ser pesada o negativa o sencillamente no vibrar del todo bien con la tuya.

Y no solo eso. Si estás demasiado tiempo sin usarlas, su energía puede estropearse.

Los cristales, en mi experiencia, tienen una cierta tendencia a experimentar este tipo de cambios de energía.

Por eso considero que es importante limpiarlos de forma mágica antes de utilizarlos para hacer hechizos (habitúate a limpiar regularmente *todas* tus herramientas —menos aquellas que ya tienen propiedades limpiadoras— y también tu altar). Esa energía negativa, no deseada o rancia puede estropear los resultados de tus hechizos, y nadie quiere que eso suceda.

Aquí tienes algunas formas de limpiar tus cristales:

Limpieza con luz de luna: puede hacerse bajo la limpiadora luz de la luna llena. No es necesario que pongas los cristales al aire libre. Puedes sencillamente colocarlos en una ventana donde puedan recibir mucha luz de luna y quitarlos por la mañana (algunos se destiñen o se dañan con la luz del sol, así que asegúrate de retirarlos de lugares donde corran peligro lo antes posible, en cuanto te despiertes).

Limpieza con humo: puede hacerse con incienso o con el manojo de hierbas secas que elijas. Préndelo con un encendedor o con una cerilla, espera a que la llama baje y se convierta en humo y agita el manojo humeante en el espacio que rodea tu cristal hasta que sientas que todo está bien.

Uno de los temas más controvertidos en la comunidad de la brujería actual es el relacionado con el uso de la salvia blanca. No solo se está cosechando de manera excesiva, sino que es también una hierba importante y sagrada para varias culturas nativas americanas como la nación lakota, lo que hace que esta situación resulte todavía más nefasta. Te animo a elegir una alternativa más ética, ya sea otro tipo de salvia —porque existen cientos— o mi favorita, el romero.

Limpieza con sonido: puede hacerse con un instrumento como una campana. No solo resulta fácil de usar al momento, sino que también es buena para las brujas que, como yo, son sensibles al humo. Cógela y tócala alrededor del cristal unas pocas veces. De este modo, sus vibraciones alejarán cualquier energía desagradable.

Limpiarte a ti misma

Hablando de limpieza… ha llegado el momento de aprender a limpiar tu *propia* energía.

Estos métodos limpiadores no solo pueden estimularte en general, sino que también te ayudan a prepararte antes de hacer trabajos con hechizos porque eliminan cualquier energía negativa, no deseada o estancada que puedas tener pegada y que no concuerde con la magia que estás intentando crear.

Aquí tienes algunas maneras de hacerlo:

Baila: ponte un poco de música de Taylor Swift (o del artista que elijas) y adelante. Mientras bailas como una loca, tus movimientos sacudirán cualquier energía «chunga». Si puedes, intenta hacerlo durante una canción entera.

Dúchate: te tienes que duchar para limpiarte físicamente, así que por qué no lo conviertes también en una limpieza energética. Mientras te aclaras el jabón, imagina que la energía que no deseas tener encima se va por el desagüe y desaparece para siempre de tu vista.

Utiliza humo: ¡sí, también puedes limpiarte tú misma con humo! Rompe el manojo de romero, préndelo y agita (de una forma segura) la varita humeante por el espacio que rodea tu cuerpo.

> Tu teléfono puede recoger todo tipo de energías negativas (sobre todo teniendo en cuenta que las redes sociales pueden ser una de las cosas más tóxicas) y, si siempre lo tienes cerca, como hacemos tantas de nosotras, puede ponerte de mal humor. Por eso te recomiendo de corazón que lo limpies con regularidad. Para ello puedes tocar una campana a su alrededor, como harías con un cristal, o abrir una lista de reproducción en él y poner una canción que te haga sentirte bien. ¡Déjalo boca abajo en algún lugar y permite que esas vibraciones felices cuiden de él!

APUNTE PARA TU DIARIO MÁGICO: *Para empezar, limpia tu móvil a diario durante al menos una semana. Una vez transcurrido ese tiempo, vuelve a tu diario mágico. ¿Qué diferencias has notado, si es que ha habido alguna?*

Madre Tierra

Las brujas tienen una reputación muy arraigada de amar y respetar a la Madre Tierra y de trabajar con ella.

No solo nos aporta recursos para la vida como la comida y el agua, sino que además nos bendice con una belleza alucinante como la de los bosques y los océanos. Y por si eso fuese poco, es supermágica. Después de todo, ¿de dónde crees que íbamos a obtener las herramientas que nos ayudan con nuestros hechizos (las hierbas, los cristales)?

Efectivamente, de nuestra siempre hermosa y generosa Madre Tierra.

También hace posible nuestra misma existencia y, por tanto, nuestra magia interior. No resulta extraño que tantas brujas intenten hacer lo que esté en su mano para cuidarla y mantenerla floreciente, sobre todo en una época en la que está más vulnerable por nuestra actual emergencia climática.

Aquí tienes algunas cosas que puedes hacer para poner de *tu* parte:

- Produce pocos o ningún residuo.

- Consume productos locales, vegetarianos o veganos.

- Compra en tiendas de segunda mano en lugar de adquirir cosas nuevas.

- Firma peticiones que ayuden a la tierra.

- Dona tiempo o dinero a grupos medioambientales o participa en actividades en favor del clima (como, por ejemplo, una limpieza de espacios naturales).

- Vota a candidatos políticos que prometan combatir el cambio climático.

Teniendo en mente estas sugerencias, céntrate en lo que *tú* puedas hacer. Intenta no sentirte culpable si algunas cosas no te son factibles por la razón que sea; te aseguro que no eres una mala bruja. En un mundo perfecto, todos tendríamos el mismo tiempo y los mismos recursos a nuestro alcance, pero este en el que vivimos no lo es. Ni muchísimo menos.

APUNTE PARA TU DIARIO MÁGICO: *Escribe entre una y tres cosas que puedas hacer para ser más consciente del medioambiente en tu vida cotidiana. ¿Cómo puedes rendir cuentas de ello?*

No hay nada que a ella
le parezca más santo
o que afirme más la vida
que de la tierra el olor
después de la lluvia:

petricor.

El pentáculo

No me sorprendería que te hayan dicho alguna vez que el pentáculo (una estrella de cinco puntas encerrada en un círculo) es un símbolo de maldad, porque es un error muy habitual. En realidad, es un símbolo de la Madre Tierra. Cada una de sus cuatro puntas representa uno de sus elementos y el círculo que lo rodea conecta todos ellos en uno solo. Para muchas brujas, es un símbolo sagrado y protector.

Cada elemento tiene sus propias correspondencias, entre las que se incluyen las siguientes:

- ◆ Tierra: norte | verde | estabilidad, naturaleza y prosperidad.

- ◆ Fuego: sur | rojo | pasión, creatividad y energía.

◆ Aire: este | amarillo | intelecto, ideas y comunicación.

◆ Agua: oeste | azul | limpieza, emoción/intuición e inspiración.

> **Por si las dudas: la *Madre Tierra* abarca todo el planeta y también su energía, mientras que la *tierra* es solo uno de sus elementos.**

Observarás que el pentáculo contiene un quinto elemento del que quizá no sabías nada hasta ahora: el espíritu. Puede representar muchas cosas, pero para los propósitos de este libro, te representa a ti, a la bruja: tu esencia, tu alma, tu magia interior, trabajando en armonía completa y total con los otros cuatro elementos.

La Madre Tierra en tu altar mágico

Ya has colocado en tu altar algo para representar el espíritu: *tú*.

Muchas brujas, yo misma incluida, elegimos representar también los otros cuatro elementos principales de la Madre Tierra en nuestro altar como forma de honrar nuestra conexión entre nosotras y también para invitar a su energía mágica a nuestros hechizos.

¿Quieres representar a la Madre Tierra en tu altar? A continuación encontrarás algunas sugerencias de cosas que puedes colocar en él (¡y, sí, usarlas en tu magia!). No es necesario, pero puedes elegir tus objetos basándote en el color que corresponde al elemento o situándolos en su punto cardinal.

◆ Tierra: un cristal o una piedra, un tarro con hierbas o flores o una imagen de un ciervo o un elfo.

◆ Fuego: un caldero, una vela o una imagen de un zorro o de un fénix.

Algunas brujas ponen un caldero en su altar para representar el elemento agua, puesto que es un recipiente que podemos llenar con ella. Yo personalmente solo uso el mío para quemar cosas, y por eso lo asocio más con el fuego. ¡Considera ambos puntos de vista y llega a tu propia conclusión!

- ◆ Aire: una campana, incienso o un manojo para sahumerios o una imagen de un colibrí o un hada.

- ◆ Agua: una taza, una concha marina o una imagen de un delfín o una sirena.

APUNTE PARA TU DIARIO MÁGICO: *Conectarte con la Madre Tierra es, en muchos sentidos, conectarte contigo misma. Quizá ni siquiera te des cuenta de lo mucho que reflejas los elementos, tanto en un sentido físico como metafórico. Saca tu diario mágico e investiga algunas de las formas en las que pueden aparecer los cuatro elementos principales en tu vida:*

- ◇ *Tu tierra interior: describe un momento en el que te sentiste completamente segura. | Describe un momento en el que te sentiste absolutamente atascada.*

- ◇ *Tu fuego interior: describe un momento en el que hiciste algo atrevido y valiente. | Describe un momento en el que estabas tan enfadada que te sentías fuera de ti.*

- ◇ *Tu aire interior: describe un momento en el que hiciste un descubrimiento increíble. | Describe un momento en el que fuiste derrotada por darles demasiadas vueltas a las cosas.*

- ◇ *Tu agua interior: describe un momento en el que te sentías tan feliz que se te saltaron las lágrimas. | Describe un momento en el que tenías la sensación de estar ahogándote de tristeza.*

La ayuda de la Madre Tierra

La Madre Tierra no nos ayuda solo con los hechizos.

Quiere hacerlo siempre que pueda, de la forma que pueda, y le da igual quiénes seamos.

Cuando yo era niña teníamos un gato (que tristemente falleció la semana pasada, en el momento en que retomo este texto para editarlo) que pasaba la mayor parte del día fuera. Hubo muchas noches en las que no volvió a casa.

Esto, como probablemente podrás imaginar, me ponía siempre de los nervios.

Se me revolvía el estómago e imaginaba todas las cosas terribles que podrían haberle sucedido, me ponía en el peor escenario posible y eso me reconcomía sin parar. «¿Y si alguien le ha hecho daño? ¿Y si alguien se lo ha llevado? O peor todavía, ¿y si lo ha atropellado un coche?».

Por aquel entonces, yo no practicaba la magia como ahora, pero, como amante de la naturaleza desde que nací y vegetariana en aquel tiempo (¡vegana ahora!), sentía una profunda reverencia por la Madre Tierra. Percibía nuestra conexión, aunque era incapaz de explicarla y probablemente habría resultado ridícula si lo hubiera intentado.

En cierta ocasión, no sé cuánto tiempo llevaba fuera, pero impulsada por la desesperación salí al patio y le pedí a la Madre Tierra (más concretamente, a los árboles) que me lo trajera otra vez a casa sano y salvo.

Como si estuviese siguiendo una señal, el viento agitó sus hojas y mi gato entró corriendo por la verja llamándome como si yo lo hubiera llamado a él.

Aunque llamarlo por su nombre no solía servir para nada.

Sin embargo, por alguna razón desconocida, *esto* había funcionado y, después de esa vez, siguió haciéndolo casi todas las veces. No me atrevía a cuestionarlo; me limitaba a permanecer extremadamente agradecida.

Cuando necesitas un poco de ayuda extra de la Madre Tierra, lo único que tienes que hacer es pedírsela. Haz todo lo que puedas para ser amable con ella a cambio, aunque eso signifique solo dedicar unos minutos al día a estar en su presencia (eso es lo que la mayoría de los buenos padres desean, ¿no te parece?).

Enraizarte

Nosotros, como seres humanos, parecemos tener una lista interminable de exigencias y responsabilidades y, por eso, nuestra energía puede en ocasiones, mmmm… esparcirse por todas partes.

Tal y como yo lo veo, enraizarse es el acto de regresar energéticamente a ti. Los siguientes ejercicios pueden ayudarte a estar más presente en tu vida y también a colocarte en el espacio mental adecuado para trabajar con hechizos.

Sal al aire libre: si tienes la suerte de tener tu propio espacio al aire libre, ve a él. Si no, puedes acudir a un parque, a una playa o a tu sendero favoritos. Quítate los zapatos y vuelve a entablar conexión con el suelo durante unos minutos. Permite que la energía de la Madre Tierra te recalibre (es lo que se denomina *puesta a tierra*).

Echa raíces: ¿no puedes salir al aire libre por algún motivo? Sin problemas. Vete a un lugar tranquilo y cierra los ojos. Imagina que te salen raíces de las plantas de los pies, que estas atraviesan el suelo y los cimientos y llegan a la tierra para plantarte.

Haz algo con plena conciencia: pasa un tiempo a solas con tu mascota, relájate delante de una ventana abierta, observa un vídeo de naturaleza en YouTube, sostén tu planta o tu cristal favoritos o tómate una taza de infusión. Mi favorita es la hierbabuena.

APUNTE PARA TU DIARIO MÁGICO: *Escribe acerca de algo que te haga sentir una conexión especial con la Madre Tierra. No hace falta que sea nada supermágico; puede ser una cosa pequeña, como los paseos por el vecindario después de cenar o sencillamente estar sentada debajo de tu árbol favorito. ¿Qué puedes hacer para nutrir esta conexión, para ampliarla todavía más?*

«Magia blanca» frente a «magia negra»

En la comunidad brujeril, encontrarás personas que eligen utilizar la expresión «magia blanca» para hacer referencia a la «magia buena», y «magia negra» para referirse a la «malvada».

No está bien.

Puede parecer algo intrascendente, pero las palabras tienen mucho peso. Reflejan nuestra sociedad e influyen en ella, y vivimos en una llena de muchísima injusticia. Las implicaciones racistas de estas expresiones no están en la línea de mi ética personal ni de la de bruja y, por tanto, he decidido no utilizarlas.

Y también te animo a que no las uses.

Si quieres saber cómo describir el tipo de magia que alguien practica, ¿por qué no se lo preguntas? ¡Estoy segura de que daría pie a una conversación interesantísima!

Sé consciente de las palabras que pronuncias, no solo durante tu trabajo con hechizos, sino en todo momento. Por muy buenas intenciones que tengas, habrá ocasiones en las que te equivoques, pero no dejes que eso te asuste. Limítate a reconocer cuándo has hecho daño, pide perdón y corrígete (y no solo *digas* que lo vas a hacer).

La brujería y el género

Cuando alguien dice la palabra *bruja*, es posible que automáticamente des por sentado que se está refiriendo a una mujer.

Bueno, estoy aquí para decirte que personas de todos los géneros (¡porque hay *muchísimos* más que solo dos!) pueden denominarse a sí mismas brujas. No solo mujeres, y desde luego no solo mujeres cis.

Cuando dije que *todos* tenemos magia en nuestro interior, lo decía en serio.

En mi opinión, ser una bruja ética significa también ser una bruja inclusiva, y no resulta muy amable dejar fuera de la conversación a tantas de nuestras compañeras. Hacerlo les haría sentir que no pertenecen a la comunidad, y *todo el mundo* merece sentir que sí lo hace.

Sé ese espacio seguro para todas las brujas.

APUNTE PARA TU DIARIO MÁGICO: *¿Qué formas tienes de ser más inclusiva en tu vida cotidiana y cómo podrías extenderlo a tu práctica mágica?*

Si alguna vez necesitas orientación,
no hay problema:

te ayudaré a interpretar tus cartas del tarot.

Si alguna vez tienes el corazón roto,
no hay problema:

te ayudaré a localizar las hierbas apropiadas.

Si alguna vez necesitas protección,
no hay problema:

te ayudaré a encender tus velas.

Si alguna vez necesitas defensa,
no hay problema:

te ayudaré a encontrar las palabras que precisas.

Si alguna vez necesitas abrir los ojos a la realidad,
no hay problema:

te ayudaré a ser honesta contigo misma.

Como brujas, todas formamos parte del mismo aquelarre.

Tu ética como bruja

No puedo decirte qué tipo de magia debes hacer porque creo en la importancia del libre albedrío, y *como* creo en la importancia del libre albedrío, he decidido no interferir con el de otras personas.

Eso significa que nada de hechizos ni maldiciones de amor.

No encontrarás nada de eso en este libro.

> **Estos dos temas tienen muchos matices. En mi opinión, *existen* formas de lanzar hechizos de amor sin interferir en el libre albedrío de una persona (por ejemplo, lanzando un hechizo por el *tipo* de amor que quieres, no por el de alguien concreto... o, mejor aún, uno de amor propio). Es más, las personas marginadas han utilizado, a lo largo de la historia, maldiciones como forma de justicia, así que tenlo en cuenta y no te apresures a juzgar.**

Como probablemente observarás, la mayor parte de mis hechizos y rituales están relacionados con cosas como el amor *a mí misma*, la valoración *de mí misma* y traer cosas positivas a *mi* vida.

Pero eso de la causa y el efecto es una idea compleja.

Reconozco que es posible que hasta esos hechizos aparentemente inocuos puedan afectar negativamente a otras personas.

¿Te acuerdas que te dije que las brujas tenemos la magia interior para hacer realidad cualquier cosa que queramos? Eso conlleva *muchísima* responsabilidad. Aunque me es imposible controlar cada cosita que pueda suceder como resultado de mis hechizos, sigo haciendo todo lo que está en mi mano para no perjudicar a nadie practicando la magia con integridad y minimizando los daños siempre que veo que existe la posibilidad de que se produzcan.

Antes de lanzar un hechizo, considera atentamente sus posibles efectos negativos. ¿De qué forma crees que tu hechizo podría afectarte, ya sea positiva *o* negativamente? ¿Hay alguna forma neutra en que podría afectarte?

¿Y qué pasa con las formas en las que podría afectar a otras personas? Si te parece relevante, podrías también plantearte cómo podría afectarle a la Madre Tierra (¡te recomiendo que saques tu diario mágico para hacer unas cuantas listas de esas estupendas y anticuadas!).

Después de llegar a tu conclusión, decide si el hechizo merece realmente la pena (solo *tú* puedes hacerlo).

APUNTE PARA TU DIARIO MÁGICO: *Ahora que ya estás casi preparada para hacer algo de magia, ¿de qué tipo crees que la harás? Escribe una lista de tu ética como bruja dejando mucho sitio para el crecimiento. No te saltes este punto; ¡en seguida será muy importante!*

Antes de hacer magia

A continuación te voy a pedir que lances tu primer hechizo, pero aquí tienes unas pocas cosas que te recomiendo que hagas antes (esto se aplica también a todo tu futuro trabajo con hechizos).

Ponte en contacto con tu mente: si no estás pensando con claridad, quizá tiendas más a olvidarte pasos o a cometer errores. Si te sientes dispersa, podría ser conveniente que hicieras un ejercicio rápido de *enraizamiento* (véanse las páginas 44-45).

Elabora un plan: escribe con antelación todos los pasos de tu hechizo en tu diario mágico, aunque no hayas sido tú quien lo ha creado. Esto te ayudará a realizarlo de la forma que solo tú puedes hacerlo. Por ejemplo, con un hechizo previamente escrito, quizá te apetezca personalizar la afirmación o cambiar algunas de las herramientas. Deja también espacio para hacer anotaciones posteriores. Estos detalles te muestran lo que te funciona *a ti* y te ayudarán con tu futuro trabajo con los hechizos.

Establece el tono: haz lo que sea necesario para crear un entorno privado y libre de distracciones. A menos que tengas notas para tu hechizo en el móvil (o que este sea una parte importante de él), ponlo en modo *no molestar* y guárdalo en algún lugar al que no tengas acceso. ¡Tus notificaciones de Instagram pueden esperar!

Prepara tu altar: las herramientas mágicas que vas a necesitar para tu hechizo deben estar todas al alcance de tu mano. No es el fin del mundo, pero alejarte de tu altar para coger «una cosa más» tres veces *podría* acabar rompiendo el flujo natural de tu hechizo.

Concédete un poco de paz mental: quizá te apetezca *limpiar* la zona de cualquier energía que no se ajuste a la magia que estás intentando hacer. Para ello no tienes más que encender una vela blanca y seguir adelante. Si quieres *proteger* más el lugar de cualquier energía no deseada que pudiera fluir hacia él y posiblemente estropear tu trabajo con el hechizo, coloca un cristal de turmalina negra en tu altar.

Asegúrate de que estás sintiendo tu magia: el trabajo con hechizos jamás debería amedrentar ni estresar y, desde luego, nunca debería percibirse como una obligación. Si la idea de hacerlo no te hace feliz o, como mínimo, no te sientes contenta, apártate de tu altar y vuelve más tarde. Averigua qué es lo que no está funcionando y comprueba si lo que tienes que cambiar es algo personal o algo relacionado con el hechizo.

Tu primer hechizo

¡Enhorabuena! ¡Lo has conseguido, bruja! Tu primer hechizo va a estar relacionado en exclusiva con la estrella del espectáculo: tú. El hecho de que hayas decidido emprender este viaje mágico es algo muy importante, así que ahora vas a darte oficialmente permiso para ello.

LO QUE VAS A NECESITAR

Tu lista de ética mágica (véase la página 49)
Un cristal de cuarzo rosa

INSTRUCCIONES

Siéntate junto a tu altar mágico. Coloca tu lista de ética mágica y tu cristal de cuarzo rosa delante de ti. Para empezar, lee la lista en voz alta punto por punto. No te limites a pronunciar esas afirmaciones; *siente* cómo se convierten en parte de tu ser.

A continuación, coloca el cristal de cuarzo rosa cerca de tu corazón y pronuncia esta afirmación: «Tengo permiso para ser una bruja. Tengo permiso para hacer mi propia magia, aunque no sea como la de nadie más. Tengo permiso para cometer errores, y también para ser paciente conmigo misma, porque estoy aprendiendo cosas nuevas cada día. Y, por encima de todo, tengo permiso para divertirme con este proceso».

Siéntate en silencio unos minutos con tu cristal de cuarzo rosa. Cierra los ojos e imagina el tipo de bruja que preferirías ser. Da un paso más y reclama en silencio esta bruja como tuya, en este instante, en este mismo momento, no en algún futuro lejano y desconocido.

Cuando hayas terminado, di «Que así sea» para declarar tu hechizo como algo poderoso y verdadero.

APUNTE PARA TU DIARIO MÁGICO: *¡Espero que a estas alturas ya hayas escrito los detalles de tu hechizo! Si ha sucedido algo inesperado o has decidido hacer algo distinto en el último minuto, asegúrate de anotarlo también. Luego, asegúrate de explicar cómo te has sentido cuando hacías tu hechizo. Por ejemplo, ¿te sentiste una especie de campeona de la brujería o una absoluta impostora? ¡No tengas miedo de decir la verdad!*

Etiquetas brujeriles

A algunas personas les gusta utilizar unas etiquetas concretas para describir el tipo de bruja que son, como, por ejemplo, bruja verde (la que trabaja sobre todo con cosas como plantas, flores y hierbas para hacer su magia) o bruja de mar (la que lo hace sobre todo con cosas como arena, agua de mar y conchas).

Otras, en cambio, emplean etiquetas más concretas como bruja de cristales (la que utiliza principalmente los cristales para hacer su magia), bruja del tarot (la que emplea sobre todo las cartas del tarot) o bruja del café (la que se suele decantar por el café).

No hace falta que te etiquetes en este momento.

No hace falta que lo hagas tampoco cuando hayas acabado de leer este libro.

Sinceramente, no hace falta que lo hagas *jamás*, si no te sientes llamada a hacerlo.

Permítete explorar primero este nuevo mundo mágico. Si a su debido momento *decides* etiquetarte (quizá porque te ayude a sentirte más conectada con tu práctica), ¡estupendo! Simplemente quiero que sepas que no pasa nada porque más adelante cambies de opinión. Y también está muy bien que mantengas esa etiqueta.

Bruja bebé

En los últimos años, *bruja bebé* se ha convertido en una etiqueta que las nuevas brujas utilizan para describirse. No hace falta que *tú* lo hagas, pero quería que supieras que existe esa posibilidad.

Según mi experiencia, utilizar la etiqueta de bruja bebé puede resultar muy limitante y desempoderador. Yo he empleado ese término para definirme a mí misma durante *demasiaaaado* tiempo, sobre todo porque tenía la sensación de que no era suficientemente buena ni experimentada para denominarme bruja, aunque sin ninguna duda ya lo era pasado un cierto punto. Quiero decir experimentada; siempre fui suficientemente buena, y tú también lo eres.

Cuando dejé la parte de «bebé» y por fin empecé a denominarme simplemente como bruja, tuve la sensación de que al fin había accedido a mi verdadera magia, sin disculpas ni vergüenza… aunque, por supuesto, cada persona es distinta.

Moraleja: ¡si algo no hace que te sientas bien, no lo hagas!

APUNTE PARA TU DIARIO MÁGICO: *¿Te gusta la idea de denominarte* **bruja bebé** *o de utilizar del modo que sea una etiqueta brujeril para ti, ya sea ahora o más adelante? ¿Por qué sí y por qué no? A mí me parece útil tomar notas de este tipo de cosas, sobre todo para ver cómo tu identidad y tus creencias se van desarrollando con el tiempo.*

¿Ya te sientes confiada?

Es *completamente* normal no sentir confianza cuando acabas de empezar algo.

Quiero decir, ¡seguro que no la sentirías tu primer día en un nuevo trabajo, y empezar tu viaje de brujería es lo mismo!

Exactamente igual que sucedería con un trabajo, puede hacer falta mucho tiempo y práctica para aumentar tu autoestima acerca de la magia. ¿Mi consejo? Lee todos los libros sobre brujería que puedas (¡no te pares después de terminar este!) y no tengas miedo de plantear preguntas complicadas y de buscar respuestas con ahínco. Y, a continuación, experimenta, una y otra vez, hasta que encuentres tu ritmo.

Acabarás consiguiéndolo.

Ten un poco de paciencia contigo misma.

Algo que solía provocarme mucha ansiedad (y que, para ser sincera, sigue provocándomela, pero sobre todo en nombre de las nuevas brujas) era ver cómo las otras decían: «¡Así no se hace esto! Esto se hace así». Sin embargo, ¿sabes de qué me di cuenta? «Esto» suele ser solo su propia preferencia personal... No un hecho inamovible.

Por ejemplo, a algunas brujas les gusta hacer sus rituales de manifestación durante la luna llena mientras que otras, como yo, preferimos hacerlos con luna nueva (más adelante profundizaremos en estas prácticas).

¿Quién está equivocada?

Nadie.

¡Hacemos nuestra magia en el momento y de la forma que nos parecen adecuados a *nosotras*!

Te aseguro que, siempre y cuando respetes tu ética de bruja (que puedes revisar en cualquier momento), no hay una forma incorrecta de practicar.

Es importante dar espacio a las opiniones de otras brujas, porque todas tenemos muchísimo que aprender de las demás, pero no permitas que te impidan practicar de una forma que a ti te resulte auténtica y verdadera, ¿de acuerdo?

APUNTE PARA TU DIARIO MÁGICO: *¿Qué es eso que impulsa tu confianza en ti misma? Por ejemplo, quizá te apetezca pintarte los labios o ponerte una prenda de ropa concreta. Mira a ver si puedes incorporarlo en tu trabajo con los hechizos para que te ayude a sentirte más segura de ti misma.*

Cuando están contemplando el espacio
e inusualmente tranquilas,

no tienes que preocuparte de
que estén enfadadas, tristes o enojadas.

Sencillamente están intentando escuchar
las cuerdas de la canción de su corazón:

la melodía más hermosa del mundo.

Segunda parte

Tu intuición

«¿Qué es la intuición?»

¿Has vivido en alguna ocasión un momento de esos en los que supiste algo sin realmente *saberlo*? ¿Tuviste una sensación visceral que no podías sacudirte de encima por mucho que lo intentaras, aunque no había ningún motivo «lógico» para ello? ¿Sentiste un conocimiento inexplicable sin ningún miedo?

Eso justo es tu *intuición*, bruja, que puede aparecer como:

- ◆ Pensar en alguien conocido y recibir un mensaje o una llamada suya unos minutos más tarde.

- ◆ Cancelar planes porque algo no te encaja bien y descubrir más tarde que algo muy poco agradable había sucedido en la ruta que deberías haber tomado (como un atasco de tráfico o un accidente de coche) o en el lugar donde se suponía que deberías estar (como una discusión o la aparición de alguien a quien *definitivamente* no querías ver).

- ◆ Comprar un libro porque percibes que tienes que leerlo y luego te cambia la vida.

- ◆ Marcar una respuesta en un test no porque supieras que era la correcta, sino porque algo en tu interior te dijo que lo era… y efectivamente estaba bien.

- ◆ Saber que tu pareja te engaña aunque no haya ninguna de las señales típicas y que luego algo (o alguien) te lo confirme.

Y esto no es más que el principio.

Experiencias como estas muestran que sabes *muchísimo* más de lo que crees.

Revelan también lo importantísimo que es no solo que te escuches, sino que confíes de todo corazón en ti misma.

Aunque algunos de los golpes de intuición que recibas puedan ser simplemente unos pequeños recordatorios de que esta está funcionando a la perfección (como el mensaje o la llamada que habías anticipado), muy a menudo actúa como guía interior que te empuja hacia lo que es bueno para ti y te aparta de lo que no lo es.

Todos la tenemos, pero por desgracia muchísima gente no sabe cómo acceder a ella ni entiende lo que está intentando decirle. Y es lógico. No es una habilidad que se enseñe demasiado. Además, vivimos en una sociedad en la que se supone que tenemos que seguir las normas, y la intuición no funciona así.

Algunas brujas practican una cosa denominada adivinación para ponerse más en contacto con su sabiduría interior, ¡y eso es precisamente lo que te voy a enseñar a continuación!

APUNTE PARA TU DIARIO MÁGICO: *Reflexiona sobre algún momento en el que tuviste una corazonada sobre algo. ¿Cómo fue? Es posible que sencillamente supieras algo. Quizá oíste algo, viste algo, sentiste algo o incluso oliste algo (esto último puede sonar curioso, pero es real. Yo tiendo a sentirme abrumada por el perfume de la gente antes de averiguar que han pasado). Describe tu intuición personal con tanto detalle como puedas para así empezar a comprenderla un poquito mejor.*

> **Siempre que tengas una corazonada de ahora en adelante, síguele la pista en tu diario mágico, aunque de una forma inmediata no te dé la sensación de que sea correcta. Muy bien podría hacerse realidad más adelante ¡y tienes que poder echar la vista atrás y ver cuánta razón tenías!**

«Um, de acuerdo, pero ¿qué es la adivinación?»

La adivinación es la práctica de utilizar herramientas como las cartas del tarot, las cartas oráculo y los péndulos para recibir mensajes mágicos.

(¡Sí, a veces se usan también las bolas de cristal!).

Los medios de comunicación dramatizan muchísimo las descripciones de las brujas, y también tienden a hacer lo mismo con las de la adivinación. No, no va a comenzar a tronar tan pronto como cojas tu baraja de tarot (aunque sería estupendo que lo hiciera) ni tampoco es probable que vayas a predecir la muerte trágica y a destiempo de alguien.

Ahora bien, es cierto que estas descripciones contienen una pizca de verdad. Dependiendo de cómo decidas usarlas, las herramientas de adivinación pueden permitirte atisbar en tu futuro.

De todas formas, predecir cosas no es lo *único* que pueden hacer.

La mayor parte de las veces, yo utilizo la adivinación como medio de obtener una visión interior profunda y mágica de mi vida y mis objetivos, para reflexionar sobre lo que he hecho, para tener claro en qué punto exacto de mi viaje me encuentro y para encontrar algo de orientación sobre hacia dónde debo caminar.

«Un momento. Yo creía que tenías que ser vidente para poder utilizar las cartas del tarot y ese tipo de cosas»

Ya sé por qué piensas así.

Cuando yo era niña, mi madre coleccionaba cartas de tarot y barajas oráculo llenas de imágenes bonitas, como ángeles y hadas. Me encantaba sentarme para verlas. Admiraba las ilustraciones y soñaba con llegar a ser algún día una lectora de cartas…

Pero eso fue a todo lo que llegué durante muchos años.

Ni siquiera intenté aprender a leerlas porque yo, como muchas otras personas, tenía la impresión de que necesitaba disponer de algún don psíquico innato para poder cosechar su sabiduría con precisión, y eso era algo que yo no poseía.

O eso creía.

Con el tiempo me di cuenta de que, igual que cualquiera puede ser bruja, *cualquiera* puede también aventurarse en el arte de la adivinación si lo desea, así que ahora sí lo hago… todos y cada uno de los días de mi vida (solo por aclarar las cosas: *no* hace falta ser una bruja para hacer adivinación, y viceversa. Todo el mundo puede hacerlo. Sin embargo, es una práctica muy popular entre las brujas de hoy en día).

Para leer las cartas, lo único que necesitas es una cosa: tu intuición. Como ya sabes a estas alturas, esto es algo que todo el mundo posee.

Algunas personas podrían decir incluso que la intuición *es* un don psíquico innato (yo soy una de ellas).

En mi opinión, cuando haces una pregunta a tus cartas del tarot (o a tus otras herramientas de adivinación), tú eres la que realmente proporciona la respuesta. Cualquier cosa que digan proviene directamente de tu interior. Es posible que *creas* que no sabes esas cosas, pero sí las sabes, aunque sea en lo más profundo de ti, en un nivel subconsciente. Lo único que hacen tus herramientas es traducirlo para que puedas entenderlo mejor.

APUNTE PARA TU DIARIO MÁGICO: *¿Qué es eso que siempre has querido hacer, aunque estabas convencida de que no eras capaz? ¿Cómo podrían estar tus propias creencias autolimitantes reteniéndote, no solo en lo que respecta a la adivinación, sino también en otros aspectos de tu práctica de brujería?*

Predecir el futuro

Antes de que se te pase por la mente la idea de tocar una herramienta de adivinación, es importante que entiendas una cosa: nada —y, ya que lo mencionamos, *nadie*— puede predecir tu futuro con una certeza absoluta y al cien por ciento.

Lo que las herramientas de adivinación *sí son capaces* de hacer es mostrarte lo que puede pasar.

Hablan de *posibilidades*.

Yo personalmente no creo que mi destino esté ya definido.

Está constantemente siendo transformado por mis pensamientos, mis decisiones y mis actos; por tanto, no deja jamás de cambiar. Las herramientas de adivinación solo pueden predecirlo basándose en lo que pienso, decido y hago en este mismo momento.

Y, si recibo una respuesta que no me gusta, hago todo lo que puedo para cambiarla, ya sea de forma práctica o mágica.

Porque, como ya he dicho antes, nunca estoy impotente.

Soy *poderosa*.

Y tú también lo eres, bruja.

APUNTE PARA TU DIARIO MÁGICO: *¿Crees que vas escribiendo el relato de tu vida a medida que vas caminando o que hay una fuerza superior que ya lo ha escrito para ti? ¿Podría ser una mezcla de ambas cosas?*

Tengo un ritual matutino
en el que abro las persianas

e imagino
que el cielo me pregunta:

«¿Qué vas a hacer con el día de hoy?».

En lugar de responder,
lo único que puedo hacer es sonreír porque

puedo hacer todo aquello que quiera.
Puedo incluso rehacerme a mí misma, si lo deseo.

Elijo siempre mi propia aventura.

Tu ética de adivinación

Ya hemos hablado de la ética en relación con tu práctica de la brujería
en general. Ahora vamos a entrar en detalle y a hablar de ella con respecto
a tu práctica de adivinación.

No puedo decirte qué tipo de ética de brujería debes tener, ni tampoco
qué tipo de ética de adivinación.

¡Eso depende de ti, como debería ser!

De todas formas, te daré unas indicaciones que puedes tomar o dejar.
Lo único que te pido es que te pares a reflexionar sobre ello atentamente.
La adivinación puede resultar útil y, en ocasiones, divertida, pero también
puede ser algo muy serio y debe abordarse como tal.

En este libro te voy a enseñar cómo practicarla para ti y sobre ti (pueden
salir otros en tus lecturas, pero te sugiero que lo manejes de una forma no

invasiva). Yo personalmente creo que ese es el mejor punto de partida. Si estás interesada en ello, puedes hacer adivinación para otras personas cuando tengas más práctica.

Dicho esto, te aconsejo de verdad que no hagas lecturas sobre otras personas a menos que estas te den su permiso explícito para ello.

¿Cómo te sentirías si alguien hiciera una lectura sobre tus asuntos personales sin decírtelo? Seguro que incómoda. Quizá incluso absolutamente violada, dependiendo del tipo de información que buscara. Ten eso siempre en cuenta y trata a los demás tal y como quieres que te traten a ti.

Por último, te aconsejo encarecidamente que no plantees preguntas excesivamente serias acerca de otras personas (ni sobre ti), sobre todo esas que podrían tener respuestas devastadoras o que provocaran ansiedad, como las relacionadas con asuntos como la salud, el embarazo, los temas legales o la muerte.

Recuerda que el que *puedas* preguntar determinadas cosas no significa que *debas* hacerlo.

No pretendo ser perfecta. He cometido muchísimos errores para llegar adonde estoy. Cuando no sabía que no debía hacerlo, planteé a mis cartas preguntas que probablemente no debería haber formulado. Llegué incluso a lanzar hechizos que ahora no lanzaría (nada escandaloso, sencillamente no en línea con lo que soy ahora). He asumido estas situaciones y las he convertido en lecciones que fortalecen mi moral a la hora de seguir adelante.

APUNTE PARA TU DIARIO MÁGICO: *Escribe una lista de tu ética de adivinación. Asegúrate de etiquetarla para poder volver a ella siempre que necesites recordarla o para revisar cosas sobre las que ha cambiado tu forma de pensar.*

Las cartas del tarot

Existe un cierto debate sobre dónde se originó el tarot, pero la mayor parte de la gente cree que empezó como un juego de cartas italiano allá por el siglo XV y acabó transformándose en la herramienta de adivinación que hoy en día todos conocemos y amamos.

> La *cartomancia* es la práctica de utilizar cartas como medio de adivinación.

Cuando piensas en él, lo primero que te viene a la mente es probablemente la baraja Rider-Waite-Smith.

Se publicó por primera vez a principios del siglo XX y muchos la consideran la baraja tradicional. Es también la más popular entre las brujas y otros practicantes del tarot. ¡De hecho, la mayoría de las barajas de setenta y ocho cartas que encuentras en grandes almacenes y en tu tienda de brujería son reinterpretaciones de la misma!

Debido a la forma en la que el tarot (y más concretamente la baraja Rider-Waite-Smith) ha sido mostrado en todo tipo de medios de comunicación (libros, televisión, películas e incluso música), la mayoría de la gente está familiarizada con cartas icónicas como La Muerte, El Diablo y Los Enamorados, aunque no sepan exactamente lo que significan.

Errores relacionados con el tarot

El tarot ha tenido una influencia innegable en los medios de comunicación y en la cultura pop, pero la mayoría de la gente solo conoce cosas superficiales sobre él, y gran parte de ese conocimiento es desinformación que la disuade de tener su propia baraja y aprender a utilizarla.

Por tanto, vamos a aclarar algunos puntos:

◆ No hace falta que tu primera baraja sea un regalo, y definitivamente no te da «mala suerte» comprarte una. A menos que la persona que te la regala te conozca realmente bien, te animo a que te la compres tú misma. ¡De ese modo, te aseguras de conseguir una con la que realmente conectes!

◆ Los significados de las cartas del tarot son simbólicos. Si sacas la del Diablo, no significa que el demonio vaya a surgir literalmente de las ardientes profundidades del infierno para atraparte. Lo más probable es que esté señalando a una persona tóxica (que a veces puedes ser tú misma) o un patrón que está presente en tu vida.

◆ Puedes leerlas para ti misma; de hecho, es una forma increíble de practicar si quieres hacer lecturas para otros y en el momento en que desees hacerlo. Eso sí, ¡intenta no aplicar demasiados prejuicios a tus interpretaciones, teniendo en cuenta que el tema —*tú*— es tan personal (nos sucede a las mejores)!

◆ No hace falta que memorices los significados de las cartas. No te van a someter a ningún examen que puedas aprobar o suspender. Sin intentas confiar en tu memoria, podrías acabar estresándote demasiado intentando obtener una lectura exacta. Busca simplemente captar bien la vibración general de la carta para así disponer de un punto de partida para tus interpretaciones intuitivas, aunque para ello necesites consultar una guía de vez en cuando.

◆ Dicho esto, no hay una forma «correcta» o «incorrecta» de leer las cartas, así que no permitas que nadie te diga lo contrario. La intuición de cada una va a interpretar las cosas de manera diferente. Tu perspectiva individual es lo que hace que tus lecturas sean tan especiales.

◆ No hace falta que leas utilizando cartas invertidas (es decir, las que están al revés), pero honestamente te digo que no son tan malas como algunas personas quieren que sean. Muchas veces muestran solo algo en lo que tienes que trabajar o que debes superar, ¡y eso puede ser una información muy importante!

APUNTE PARA TU DIARIO MÁGICO: *¿Cuál es tu mayor miedo a la hora de aprender a leer el tarot? Mientras escribes, imagina que este temor abandona tu cuerpo, pasa por tu bolígrafo y se elimina en la página.*

Estructura del tarot

El tarot tiene un sistema estructurado de setenta y ocho cartas (¡te aseguro que no asusta tanto como parece!) y algunas interpretaciones modernas eligen incluir más. Este sistema está dividido en dos partes claramente definidas: los Arcanos Mayores y los Arcanos Menores.

Los Arcanos Mayores: componen las primeras veintidós cartas (de la 0 a la 21). Tienden a representar los grandes temas de tu vida. Piensa en las lecciones, personas y acontecimientos *principales*, aquellos que definen tu vida. Son las cartas a las que debes prestar más atención en una lectura porque estarán indicando cualquier cosa superurgente que podría estar afectando a tu vida.

Los Arcanos Menores: componen las otras cincuenta y seis cartas. Están divididos en cuatro palos (copas, oros, espadas y bastos) y representan las cosas *menores* y cotidianas que podrías tener que abordar. Cada palo contiene también cuatro cartas de la corte (sota, caballero, reina y rey) que pueden representar personas o personalidades (tú u otras) que pueden entrar en juego. Los Arcanos Menores tienen menos peso que los mayores, pero las cosas pequeñas pueden generar un enorme efecto bola de nieve, así que préstales atención. ¡Eso puede ayudarte a evitar fácilmente algún drama!

Significados del tarot

En seguida te voy a dar una lista de los significados de las cartas del tarot en forma de frases fáciles de recordar. Ahora bien, no hace falta que las leas de principio a fin. Considéralas más bien una referencia (descargo de responsabilidad: hay *muchas* formas de mirar las cartas. Estas son solo mis propias destilaciones personales).

No pretenden en absoluto ser lo fundamental. Existen muchos otros significados del tarot aparte de los que encontrarás en este libro, pero son un buen punto de partida si te sientes abrumada. ¡Y si lo estás, lo entiendo perfectamente! Setenta y ocho cartas son *un montón* para asimilarlas todas. Yo tardé años en familiarizarme con cada una de ellas. Y todavía me cuesta a veces, sobre todo con las de la corte (uf).

De todas formas, los significados que les den otras personas no son lo más importante a considerar. Lo son tus interpretaciones intuitivas.

Cuando saques una carta, léela primero con tu instinto. Asimila los colores, los símbolos, los animales, las personas. ¿Qué significa para *ti*? Cuando ya tengas eso claro, echa un vistazo a mi significado y observa si puedes encajar tu interpretación en ese contexto.

Si no lo consigues, mantente firme en tu interpretación intuitiva. Tú albergas todo el conocimiento, así que probablemente estás intentando decirte a ti misma algo que solo tú puedes captar.

Elegir una baraja de tarot

Antes de empezar, asegúrate de conseguir una baraja de tarot. Elegirla (sobre todo si es la primera) puede resultar una experiencia estresante. Existen infinitas y cada año salen más y más. ¡¿Cómo se supone que va a elegir una bruja?!

Aquí tienes algunas cosas que debes considerar:

◆ Es posible que te apetezca empezar con la baraja tradicional: la Rider-Waite-Smith. Existen unas cuantas versiones diferentes entre las que elegir, como el *tarot Rider-Waite radiante* o el *tarot antiguo*. Cuando aprendas a leer con esas cartas, podrás hacerlo con facilidad con la mayoría de las barajas de setenta y ocho cartas.

◆ Las barajas se pueden encontrar a través de sitios muy conocidos como Amazon, pero no todas se publican de la forma tradicional ni están disponibles en muchos lugares. Utiliza Google o busca etiquetas relacionadas con el tarot en las redes sociales para ver si encuentras algunas alternativas interesantes. ¡Mejor todavía, rebusca en tu tienda de brujería a ver qué es lo que tienen!

◆ La mayoría de las barajas están ilustradas. Algunas son hiperrealistas, otras caricaturescas y unas cuantas algo a medio camino. Unas son en colores pastel, otras variables. Dedica un tiempo a pensar qué tipo de estilo artístico prefieres.

◆ En algunas barajas aparecen personas o animales, y en otras, brujas, diosas, hadas, ángeles, dragones o unicornios. Las hay con cristales o plantas, o incluso con personajes de la cultura pop. La lista es interminable. ¿Con qué tema crees que *tú* podrías conectarte mejor?

◆ Quizá encuentres una por la que sientas una atracción inexplicable, aunque no necesariamente conectes con su estilo artístico o su tema. Como siempre, confía en tu intuición; probablemente te esté diciendo que conectas con ella de una forma menos evidente.

Cuando te decidas por una, tendrás necesariamente que limpiarla de forma mágica, porque quién *sabe* por cuántas manos habrá pasado antes de llegar a ti. Para ello, puedes utilizar las herramientas habituales que ya hemos visto o sencillamente darle tres golpecitos por encima (el tres es un número supermágico en brujería, y por eso las brujas suelen hacer cosas mágicas en grupos de ese número).

APUNTE PARA TU DIARIO MÁGICO: *¿Qué baraja del tarot fue la primera que elegiste? Explica lo que te atrajo de ella y tus impresiones iniciales.*

Los significados de los Arcanos Mayores

Los Arcanos Mayores cuentan la historia del viaje del Loco (carta 0). Estas cartas revelan las grandes bendiciones, los desafíos casi imposibles y todo aquello que pasamos en la vida y que nos va conformando, desde el principio hasta el final.

0. **El Loco:** estás dando el primer paso hacia una aventura nueva e increíble (al derecho) | puede que te dé miedo empezar algo; desecha tus temores y atrévete a dar el salto (invertida).

1. **El Mago:** estás haciendo realidad tus sueños y objetivos (al derecho) | la falta de fe en ti misma está impidiendo tu éxito (invertida).

2. **La Suma Sacerdotisa:** tu intuición es muy atinada en esta situación (al derecho) | estás ignorando tu sabiduría interior en tu propio detrimento (invertida).

3. **La Emperatriz:** estás floreciendo de muchísimas formas hermosas, sobre todo en términos creativos (al derecho) | no te estás cuidando lo suficiente (invertida).

4. **El Emperador:** tienes todo bajo control (al derecho) | ha llegado el momento de recuperar tu poder, bruja (invertida).

5. **El Sumo Sacerdote:** es posible que encuentres ideas valiosas al seguir la tradición (al derecho) | exprime la tradición y haz las cosas a tu manera (invertida).

6. **Los Enamorados:** tienes que tomar una decisión importante relacionada con tus deseos personales (al derecho) | tu corazón puede estar llevándote por mal camino (invertida).

7. **El Carro:** tu determinación te está empujando hacia adelante (al derecho) | tu falta de motivación está deteniendo tu progreso (invertida).

8. **La Fuerza:** tienes fuerza suficiente para hacer cualquier cosa (al derecho) | no dudes tanto de tu fuerza interior, preciosa (invertida).

9. **El Ermitaño:** busca la orientación dentro de ti (al derecho) | estás pasando demasiado tiempo sola con tus propios pensamientos (invertida).

10. **La Rueda de la Fortuna:** estás teniendo una racha de suerte increíble (al derecho) | no permitas que la mala suerte te desanime; todo se arreglará (invertida).

11. **La Justicia:** estás siendo recompensada por ceñirte a tu moral (al derecho) | quizá necesites afrontar las consecuencias de tus propios actos (invertida).

12. **El Colgado:** estás descansando entre dos capítulos importantes (al derecho) | tu impaciencia está haciendo que las cosas resulten mucho peores de lo que deberían ser (invertida).

13. **La Muerte:** esta versión de ti se ha acabado y es para bien (al derecho) | te estás aferrando a una versión antigua de ti que ya no te sirve (invertida).

14. **La Templanza:** estás dichosamente equilibrada (al derecho) | necesitas crear un poco más de armonía en tu vida, amiga mía (invertida).

15. **El Diablo:** hay una persona o patrón tóxicos en tu vida (al derecho) | haz algo con esa persona o patrón tóxicos antes de que el daño sea demasiado grave (invertida).

16. **La Torre:** tu vida se va a poner patas arriba (al derecho) | estás luchando contra un cambio necesario y provocándote más dolor (invertida).

17. **La Estrella:** tu vida está a punto de volverse *muchísimo* mejor (al derecho) | mantén la fe y sigue adelante (invertida).

18. **La Luna:** algo está a punto de salir a la luz provocando todo tipo de realizaciones (al derecho) | a pesar de tus miedos, no pasa nada por estar expuesta y ser vulnerable (invertida).

19. **El Sol:** estás a punto de tener una razón estupenda para ser una bruja despreocupada (al derecho) | no te estás permitiendo hacer aquello que te da alegría (invertida).

20. **El Juicio:** te sientes llamada a dar un paso al frente y hacer algo inmenso e inesperado (al derecho) | estás ignorando la llamada porque no consigues ver lo increíble que va a ser (invertida).

21. **El Mundo:** estás celebrando un logro que llevabas mucho tiempo esperando (al derecho) | te da miedo pasar a tu próxima gran aventura, pero no tienes nada que temer (invertida).

Los Arcanos Menores

Significados del palo de copas

El primer palo de los Arcanos Menores que vamos a ver es el de copas, que está asociado con el elemento agua. Estas cartas hablan de tus experiencias con las emociones, la intuición y la inspiración. Muchas de ellas tienen que ver con las relaciones, ya sean amorosas o de otro tipo.

As de Copas: estás siendo bendecida con un nuevo sentimiento o conexión que tiene posibilidades de ampliarse (al derecho) | ¿por qué no haces nada para mejorar esto todavía más? (invertida).

Dos de Copas: puedes confiar en esta conexión profunda y amorosa con alguien (al derecho) | puede darse un momento complicado en una relación, así que proporciónale un poco más de amor y cuidado (invertida).

Tres de Copas: tu grupo de amigos está prosperando de verdad (al derecho) | ¡caramba… una discusión entre amigos está de camino! Mira a ver si puedes salvar a los buenos (invertida).

Cuatro de Copas: te estás aburriendo de todos y de todo (al derecho) | tu estancamiento está afectando negativamente y de manera oficial a tu bienestar emocional; ¡cámbialo lo antes posible! (invertida).

Cinco de Copas: estás muy afligida y eso te está impidiendo ver tus otras bendiciones (al derecho) | ha llegado el momento de seguir adelante (invertida).

Seis de Copas: te sientes deliciosamente nostálgica (al derecho) | necesitas darte cuenta de que hay una diferencia entre recordar y permanecer atascada en el pasado (invertida).

Siete de Copas: dispones de muchísimas opciones que te resultan atractivas (al derecho) | estás abrumada con tanta opción… ¡elige lo que *sientas* que es correcto! (invertida).

Ocho de Copas: estás dejando algo que ya no te llena (al derecho) | te niegas a alejarte incluso de cosas que probablemente no vayas a cambiar (invertida).

Nueve de Copas: tienes *tantas cosas* por las que estar agradecida (al derecho) | podrías estar actuando de una forma un poco desagradecida (invertida).

Diez dc Copas: estás viviendo tu vida más feliz (al derecho) | estás viviendo un sueño, pero tienes la sensación de que eso ha dejado de ser suficiente (invertida).

Sota de Copas: la soñadora despierta que se apega a un nuevo personaje de ficción cada semana (al derecho) | alguien que es un poquito inmaduro en términos emocionales (invertida).

Caballero de Copas: el tipo encantador y romántico que sigue todas las llamadas de su corazón (al derecho) | una persona que *parece* encantadora y romántica hasta que la conoces de verdad (invertida).

Reina de Copas: la típica persona empática que cuida de todo el mundo (al derecho) | alguien que intenta gustar a todo el mundo y que, para variar, necesita centrarse en sus propios sentimientos (invertida).

Rey de Copas: una persona equilibrada y madura (al derecho) | una persona emocionalmente manipuladora (invertida).

Los Arcanos Menores
Significados del palo de oros

A continuación viene el palo de oros, que está relacionado con el elemento tierra. Estas cartas nos hablan de cosas como la estabilidad, la naturaleza y la prosperidad. ¡Lo ames o lo odies (y hay multitud de razones para odiarlo), el mundo material en el que vivimos está constantemente influyendo sobre nosotros!

As de Oros: se te ha concedido una oportunidad material con toneladas de potencial (al derecho) | se te concedió ese potencial, pero lo has desperdiciado (invertida).

Dos de Oros: estás intentando equilibrar el trabajo, tu vida personal y otras responsabilidades (al derecho) | no estás dando prioridad a las cosas a las que deberías dársela (invertida).

Tres de Oros: estás trabajando con otras personas y aprendiendo de ellas (al derecho) | necesitas empezar a portarte bien con los demás para poder conseguir cualquier cosa (invertida).

Cuatro de Oros: te sientes económicamente estable (al derecho) | eres *tan* económicamente estable que te asusta gastar un solo céntimo (invertida).

Cinco de Oros: podrías estar experimentando algún tipo de carencia o miedo de carecer de algo (al derecho) | se te está ofreciendo una ayuda, así que acéptala (invertida).

Seis de Oros: estás dando (o recibiendo) un regalo generoso (al derecho) | podrías experimentar una falta de caridad (invertida).

Siete de Oros: estás cultivando algo para ver en qué se convierte cuando florezca (al derecho) | todavía no has visto resultados y estás lógicamente frustrada (invertida).

Ocho de Oros: has estado trabajando sin parar para asegurarte de que conseguías tus objetivos (al derecho) | estás demasiado ocupada con los pequeños detalles como para conseguir hacer algo (invertida).

Nueve de Oros: eres un éxito que te has labrado tú misma y lo sabes (al derecho) | no estás disfrutando lo suficiente de tus éxitos (invertida).

Diez de Oros: has alcanzado tu objetivo económico supremo (al derecho) | has alcanzado tu objetivo económico supremo, pero sigues sin sentirte satisfecha; ¿por qué? (invertida).

Sota de Oros: una persona que está solucionando su vida y su carrera (al derecho) | alguien sin dirección ni perspectivas (invertida).

Caballero de Oros: alguien que hace movimientos inteligentes y deliberados hacia sus objetivos (al derecho) | alguien que tiene miedo de probar cosas nuevas y de asumir riesgos favorables (invertida).

Reina de Oros: la persona que gestiona sin fallos su agenda y la de todos los demás (al derecho) | alguien que trabaja en exceso y está demasiado sobrecargada (invertida).

Rey de Oros: el éxito inalterable que se asegura de que todos los que le rodean tienen todo lo que necesitan (al derecho) | alguien que es asquerosamente avaricioso (invertida).

Los Arcanos Menores
Significados del palo de espadas

Y vamos ahora con el palo de espadas. Estas cartas representan el elemento aire. Sus temas giran en torno al intelecto, las ideas y la comunicación. Algunas de las cartas más del tipo «baño de realidad» aparecen aquí, y por eso mucha gente odia este palo, pero ¿sabes qué? A veces, esos baños de realidad son *necesarios*.

As de Espadas: tienes una idea con montones de posibilidades (al derecho) | estás decidiendo no seguirla hasta el final (invertida).

Dos de Espadas: estás eligiendo entre dos direcciones (al derecho) | deja de pretender que no sabes lo que quieres hacer (invertida).

Tres de Espadas: tienes el corazón roto (al derecho) | te has centrado demasiado en las nubes de lluvia; ha llegado el momento de secarse y seguir adelante, amiga bruja (invertida).

Cuatro de Espadas: necesitas descansar tu cuerpo y tu mente (al derecho) | te negaste a recargarte y por eso tu cuerpo y tu mente han decidido descansar de ti (invertida).

Cinco de Espadas: quizá hayas ganado el debate, pero has perdido un montón de respeto con ello (al derecho) | deja a un lado tu ego y arregla lo que estropeaste (invertida).

Seis de Espadas: te estás alejando de una situación complicada para encontrar la sanación (al derecho) | llevas demasiado equipaje como para poder avanzar adecuadamente (invertida).

Siete de Espadas: a veces, es necesario que actúes con astucia para conseguir lo que te mereces (al derecho) | egoísmo no equivale a cuidado de una misma (invertida).

Ocho de Espadas: te sientes atrapada (al derecho) | no estás tan impotente como afirmas estar (invertida).

Nueve de Espadas: estás muy angustiada por algo (al derecho) | te has alejado tanto con tus preocupaciones que eso está afectando a tu realidad (invertida).

Diez de Espadas: te han traicionado (al derecho) | vuelve a levantarte y cura tus heridas (invertida).

Sota de Espadas: esa persona a la que le encanta aprender y te envía un mensaje de texto con algo nuevo y divertido cada día (al derecho) | el tipo que propaga rumores y desinformación (invertida).

Caballero de Espadas: una persona a la que no le asusta perseguir sus sueños (al derecho) | alguien que hace cosas sin pensar en sus consecuencias (invertida).

Reina de Espadas: alguien que no tiene miedo de decir lo que piensa (al derecho) | una persona que derriba a los demás con sus palabras (invertida).

Rey de Espadas: la persona más inteligente que conoces (al derecho) | alguien que no tiene en cuenta los sentimientos de los demás a la hora de tomar decisiones (invertida).

Los Arcanos Menores
Significados del palo de bastos

¡Y, por último, el palo de bastos! Está relacionado con el elemento fuego. En él encontrarás cartas que tienen que ver con cosas como la pasión, la creatividad y la energía (como persona creativa que soy, he observado que tienden a salirme *un montón*).

As de Bastos: estás teniendo un estallido de creatividad con potencial (al derecho) | no estás yendo al lugar al que tu pasión está intentando conducirte (invertida).

Dos de Bastos: estás poniendo en marcha algunos planes (al derecho) | eres del tipo «Quiero hacer eso, pero no sé por dónde empezar» (invertida).

Tres de Bastos: estás a punto de ver los resultados de todo el trabajo duro que has realizado (al derecho) | no estás viendo los resultados que esperabas a estas alturas; ¡vuelve a planificar! (invertida).

Cuatro de Bastos: te sientes cómoda y a gusto con las personas que te rodean (al derecho) | no te sientes apoyada ni comprendida (invertida).

Cinco de Bastos: has tenido una discusión que te ha acalorado demasiado (al derecho) | esto no se podrá solucionar hasta que todo el mundo se haya calmado de una puñetera vez (invertida).

Seis de Bastos: por fin estás recibiendo el reconocimiento que mereces (al derecho) | no debería asustarte ser el centro de atención; ¡te lo has ganado! (invertida).

Siete de Bastos: quizá tengas que defenderte de otras personas que estén rezando por tu caída (al derecho) | estás permitiendo que las personas que te odian te fastidien demasiado (invertida).

Ocho de Bastos: deberías esperar algo de avance a estas alturas (al derecho) | no estás contenta con la velocidad a la que avanzan las cosas (invertida).

Nueve de Bastos: todavía te mantienes en pie después de un desafío agotador (al derecho) | no te rindas todavía, ¿de acuerdo? (invertida).

Diez de Bastos: estás asumiendo muchas cosas, pero ya casi has terminado (al derecho) | te has quemado porque llevabas una carga excesiva (invertida).

Sota de Bastos: esa persona que se apasiona con algo nuevo cada día (al derecho) | una persona que no es capaz de encontrar el gusto por la vida (invertida).

Caballero de Bastos: alguien que carga contra todo deseo que tenga (al derecho) | ese tipo alocado e imprudente (invertida).

Reina de Bastos: la persona que no tiene miedo de brillar (al derecho) | alguien que necesita acceder a su confianza en sí misma (invertida).

Rey de Bastos: la persona que hace lo que le entusiasma y empodera a todos los demás a hacer lo mismo (al derecho) | una persona temperamental e iracunda que asusta a los demás (invertida).

Tu primera lectura del tarot

Cuando tengas una baraja del tarot con la que te identifiques y después de haberte familiarizado un poquito con las cartas, ha llegado el momento de que hagas tu primera lectura (¡ya lo tienes!).

LO QUE VAS A NECESITAR

Una vela morada en una palmatoria
Un cristal de amatista
Un encendedor o unas cerillas
Tu baraja
Tu diario mágico
Un utensilio para escribir

INSTRUCCIONES

Coloca la vela morada y el cristal de amatista en tu altar, de la forma que quieras. Al encender la vela, di: «Me abro a recibir mensajes de mi intuición. Confío en mi sabiduría interior sin miedo ni vacilación porque jamás me diría algo que no supiera ya o que no pudiera manejar».

Ahora, coge las cartas y barájalas durante unos momentos o hasta que te sientas satisfecha y consideres que ya se han mezclado lo suficiente.

Puede parecerte un poco tonto, pero quiero que te presentes a tu baraja y le hagas saber que le vas a plantear algunas preguntas. Es lo que se conoce como entrevista con la baraja y puede hacerse antes de utilizar cualquiera que acabes de conseguir.

Sostén tu baraja con ambas manos y plantea tu pregunta para cada una de las tres indicaciones siguientes. Baraja y saca una carta (dale *siempre* el pie a tu baraja antes de sacar una carta; de lo contrario, podrías obtener un mensaje al azar sin ningún contexto, lo que resulta superinútil).

◆ «Ahora que sabes quién soy, ¿quién eres tú? Descríbete a ti misma con una carta».

◆ «¿Cuál es la mejor manera de conectarme contigo?».

◆ «Si pudieras darme un consejo en este momento, ¿cuál sería?».

Al ir pasando por cada una de estas preguntas, asegúrate de anotar en tu diario mágico las respuestas y también tu interpretación de las respuestas de la baraja. Cuando hayas terminado la lectura, dale las gracias por concederte su tiempo y su energía. Deja que la vela se consuma o apágala y utilízala para tu siguiente lectura.

Práctica diaria del tarot

Si quieres aprender tarot, una forma estupenda de familiarizarte con las cartas es sacar una cada día. A mí me gusta acercarme a mi altar cuando me despierto y coger una para establecer el tono de la jornada.

Puedes plantear cualquier pregunta que te apetezca, pero aquí tienes algunas pistas que yo utilizo en mi rotación:

- ¿Cuál es la intención que más me va a servir?

- ¿Cuál es la energía o el tema de mi jornada?

- ¿Cómo puedo darle caña y alcanzar mis objetivos?

Regresa a tu altar antes de acostarte y contempla cómo se ha desarrollado este mensaje. De esta forma, con el tiempo irás aprendiendo lo que cada carta significa para *ti* y conseguirás que tus lecturas sean mucho más precisas.

Desafío: prueba a sacar dos cartas para responder a una sola pregunta o pista y utiliza tu sentido común y tu creatividad intuitiva para combinar sus significados. Pongamos, por ejemplo, que sacas La Torre y el Nueve de Copas al preguntar por tu intención. Yo lo interpretaría como *cuando parezca que todo se tuerce, dedica unos momentos a recordar la cantidad de bendiciones que todavía te quedan.*

Tiradas de tarot
para recordarte tu propósito

Cuando te sientas un poco perdida en la vida, haz esta tirada de tres cartas para que te ayude a salir de la maraña. Interpreta cada una de manera individual y luego intenta encontrar algunas conexiones entre ellas, no solo en sus significados, sino también en sus ilustraciones y símbolos. ¿Qué te dicen? Algunos símbolos tienen significados comunes que puedes encontrar con una búsqueda rápida, pero tus propias asociaciones personales son a menudo mucho más poderosas.

✶ ✳ TIRADA DE CARTAS ✳ ✶

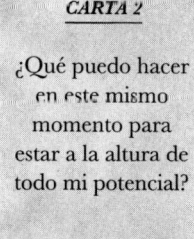
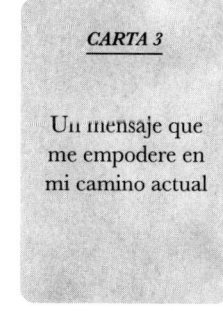

CARTA 1

¿Cuál es mi propósito?

CARTA 2

¿Qué puedo hacer en este mismo momento para estar a la altura de todo mi potencial?

CARTA 3

Un mensaje que me empodere en mi camino actual

APUNTE PARA TU DIARIO MÁGICO: *¿Alguna vez has pensado en cuál podría ser tu propósito? ¿Es distinto de la carta que has sacado? Ten en cuenta que puedes tener más de uno. Además, tu propósito podría no ser algo evidente, como* ayudar a los demás *o* ser una buena madre. *En algunas ocasiones podría ser algo mucho más sencillo como* ser feliz, *que es exactamente igual de válido.*

Otras formas de utilizar las cartas del tarot

Magia cotidiana: para esto vas a elegir deliberadamente una carta del tarot que represente la energía que deseas encarnar ese día. Por ejemplo, si quieres tener un día libre relajante y de descanso, prueba a poner el Cuatro de Espadas en tu altar.

Diario: las cartas del tarot pueden usarse también como pistas para tu diario. Para ello, pide a tu baraja que te dé una carta al azar, aunque también puedes elegir a propósito una sobre la que quieras escribir. Cuando la tengas, explora lo que significa para ti y la forma en la que se relaciona con tu vida o tu situación actual. ¿Puedes sacar algún tipo de orientación de ella?

> **Prueba a sacar una carta del tarot que inspire algunas de las respuestas a los apuntes para tu diario mágico que te propongo en este libro.**

Trabajo con hechizos: se sabe que yo incorporo las cartas del tarot a mi trabajo con hechizos. Tal y como yo lo veo, cada una alberga la energía de su significado exclusivo, y puedes invitar esta energía a tu hechizo tal y como lo harías con velas, hierbas y cristales. ¡A continuación te mostraré cómo hacer un hechizo de confianza en ti misma utilizando el tarot!

Hechizo de confianza en ti misma con el tarot

Este hechizo es perfecto siempre que necesites un aporte extra de confianza en ti misma, ya sea para una ocasión concreta (como hacer una presentación, hacer frente a alguien o ponerte con algo que te intimida) o sencillamente en general.

LO QUE VAS A NECESITAR

La carta de la Reina de Bastos del tarot
Una vela roja en un candelabro
Un encendedor o unas cerillas
Un cristal de ojo de tigre
Tres ramas de canela

INSTRUCCIONES

Levanta la carta de la Reina de Bastos a la altura de los ojos y afirma: «Esto es lo que soy: una tía fabulosa llena de confianza en mí misma».

Coloca la vela roja encima de ella y di: «Soy una tía fabulosa llena de confianza en mí misma y *fuerte*».

Coloca el cristal de ojo de tigre junto a la vela o delante de ella y di: «Soy una tía fabulosa llena de confianza en mí misma, fuerte y *valiente*».

Por último, coge las tres ramas de canela y disponlas de manera creativa entre los otros componentes del hechizo o alrededor de ellos como, por ejemplo, formando un triángulo que los encierre, si el espacio lo permite. Al colocar la tercera y última, di: «Soy una tía fabulosa llena de confianza en mí misma, fuerte y valiente ahora y siempre. Que así sea».

Deja que la vela se consuma o apágala y utilízala para otro hechizo de confianza.

¡También puedes llevar el cristal contigo o hacer con él una pulsera o un colgante para que te inspire confianza allá donde vayas!

Ella camina con la cabeza alta

sabiendo que tiene

el ojo de tigre colgando de su muñeca

y el fuego rugiendo dentro de su vientre.

Más te vale tener cuidado con la bruja.

Cartas oráculo

Una de las preguntas que me plantean más a menudo es: «Eh, Amanda, ¿cuál es la diferencia entre las cartas del tarot y las cartas oráculo?».

La respuesta es *muchísimo* menos complicada de lo que podrías creer.

A estas alturas ya sabes que la mayoría de las barajas de tarot tienen un sistema estructurado de setenta y ocho cartas basado en la de Rider-Waite-Smith tradicional. Dicho de otro modo, cuando coges cualquier baraja de tarot, sabes bastante bien lo que vas a ver, adaptada con algo de licencia artística.

Con las cartas oráculo no es así.

Cuando creé la baraja oráculo de *Cree en tu propia magia*, no me ajusté a ningún tipo de normas. Me basé en mi serie poética de *Women Are Some Kind of Magic*, pero eso fue solo una guía a la que me ajusté lo que me pareció bien. El tema, el número de cartas, los nombres de estas, sus significados y la estructura… todo eso dependió exclusivamente de mí. No tenía ninguna baraja oráculo tradicional de referencia porque no *existe* ninguna.

Lo que quiero decir con esto es que cada una de las que existe es única. No te puedo dar significados porque estos solo pueden encontrarse en la guía exclusiva de cada una.

He observado que existe una diferencia en el tipo de mensajes que recibes de las cartas del tarot y los de las oráculo. Las del tarot tienden a tener unos significados más cotidianos y prácticos (lo que *no* es nada malo), mientras que las cartas oráculo suelen hablar más a tu mundo interior: una orientación suave, unos mensajes que te hacen pensar, afirmaciones positivas.

Yo uso ambos tipos de barajas y los dos me entusiasman, y creo que hay espacio para ambas en la vida de una bruja.

Como con tu primera baraja de tarot, quiero que busques hasta que encuentres unas cartas oráculo con las que conectes intuitivamente. También quiero que escribas acerca de por qué la elegiste, limpiaste y realizaste una entrevista con ella (véase la página 83; ¡sí, las mismas preguntas y todo!). ¡Como los significados tienden a ser menos directos, quizá tengas que ser un poco creativa con tus interpretaciones!

APUNTE PARA TU DIARIO MÁGICO: *A algunas personas les gustan más las cartas del tarot que las oráculo, mientras que otras prefieren estas últimas. Cuando hayas tenido una oportunidad de utilizar tu baraja oráculo, escribe acerca de qué tipo prefieres y por qué. Debes saber que no hace falta que elijas una u otra; algunos tipos de barajas se prestan más a ciertos tipos de lecturas, que es otra cosa que puedes investigar por ti misma en tu respuesta.*

Tirada de oráculo para ponerte en contacto contigo misma

Igual que te pones en contacto con otras personas, también debes dedicar un tiempo a hacerlo contigo misma. En caso de que nadie te haya dicho esto antes, *tu bienestar es tan importante como el de aquellos a los que quieres*. Dicho esto, veamos cómo te has estado cuidando y cómo podrías hacerlo mejor mientras avanzas con esta sencilla tirada de tres cartas.

* ✳ **TIRADA DE CARTAS** ✳ *

CARTA 1	CARTA 2	CARTA 3
La parte de mí a la que he estado dando prioridad últimamente	La parte de mí que he estado descuidando	La mejor forma de mostrar más amor a mi parte descuidada

APUNTE PARA TU DIARIO MÁGICO: *A lo largo de los próximos días, encuentra una forma de seguir el consejo de la tercera carta y dedica un tiempo a escribir sobre tu experiencia. ¿Cómo crees que te ha beneficiado a corto plazo? ¿Crees que volverás a probar esta técnica de autocuidado en el futuro?*

Puedes utilizar las cartas oráculo tal y como usarías las del tarot. También puedes incorporarlas a tus lecturas de tarot, así que mezcla y combina ambas barajas si deseas hacer un cambio. A mí personalmente me gusta emplear las cartas oráculo al final de las lecturas del tarot para que me den una pequeña dosis de autoestímulo o autoempoderamiento. De esa forma, la lectura termina siempre con una nota inspiradora, algo muy útil cuando salen algunas que son emocionalmente más complicadas.

Ritual diario de afirmación con cartas oráculo

Cuando tengas un oráculo nuevo, deberás sacar una carta al día hasta que te hayas familiarizado con todas. Esto resulta *especialmente* importante porque cada baraja es diferente y acabará proporcionándote una experiencia completamente nueva. Quizá descubras que estableces una relación más fuerte con ellas si usas a diario este ritual de afirmación práctico.

LO QUE NECESITAS

Una baraja oráculo
Tu diario mágico
Un utensilio para escribir
Un trozo de papel para notas

INSTRUCCIONES

Baraja las cartas oráculo mientras haces esta pregunta: «¿Qué afirmación me podría resultar más útil en el día de hoy?».

Cuando tengas la carta, quiero que la coloques en tu altar mágico y que asimiles realmente bien la ilustración y el significado que indique la guía. ¿Qué energía emite esta carta? ¿Qué mensajes intuitivos recibes cuando la miras? Asegúrate de anotar en tu diario mágico cualquier palabra o frase que te venga a la mente.

A continuación, quiero que utilices estas notas para formar una frase de afirmación.

Si no sabes qué escribir, empieza diciendo: «Soy (o estoy) _____ » y rellena el hueco. Por ejemplo: «Soy merecedora de todas las cosas que quiero», «Estoy emitiendo mi luz para que todo el mundo la vea» o «Estoy dispuesta a practicar el perdón para así tener paz mental».

Cuando hayas terminado tu afirmación final, anótala en un trozo de papel y encuentra un lugar donde colocarla en tu altar, a ser posible junto a la carta oráculo que sacaste.

Péndulos

Antes de saber lo que son, los péndulos pueden parecer algo de lo más modesto. Después de todo, suelen parecer colgantes: una cadena larga con algún tipo de amuleto al final.

De hecho, algunas brujas (como yo) nos quitamos el collar y lo utilizamos como péndulo si no hay más remedio (¿qué voy a decir? La comodidad lo es *todo*).

La mayoría de la gente se sorprendería probablemente si supieran que la radiestesia con un péndulo (es decir, utilizar un péndulo como método de adivinación) no solo es una práctica ancestral, sino también un método de adivinación muy poderoso, porque las respuestas que recibes son muy directas.

Su uso no requiere ningún esfuerzo. No tienes más que hacer una pregunta y esperar a que el péndulo oscile hacia un lado o hacia otro. ¿Qué respuesta va a ser sí, no o quizá?

Sea cual fuere la respuesta que recibas, sin duda confirmará tu sabiduría interior.

Cómo elegir un péndulo

Como ya dije antes, los péndulos suelen ser unas cadenas largas con un amuleto en el extremo. Este puede estar hecho de cualquier material, como madera, metal o resina. Puedes incluso encontrarlos con bellotas o conchas marinas.

De todas formas, lo más habitual es que sea un cristal.

Para adivinación te recomiendo de corazón que te hagas con uno de amatista; como ya sabes, este cristal tiene propiedades que apoyan tu intuición, lo que hace que sea una elección muy sensata en líneas generales.

De todas formas, *cualquier* cristal con el que vibres servirá para hacer uno bueno.

Estoy segura de que a estas alturas ya lo sabrás, pero lo primero que debes hacer cuando tengas tu péndulo es limpiarlo. A continuación, saca tu diario mágico y escribe por qué lo elegiste y, después, prepárate para hacer la versión para péndulo de una entrevista a una baraja. A continuación, te iré mostrando cómo hacerla.

> ¿No tienes ningún péndulo a tu alcance? Utiliza un collar con un colgante o incluso una cuerda con un clip sujeto en el extremo.

Tu primera sesión con el péndulo

¡Muy bien, ahora que ya tienes un péndulo, lo más probable es que estés deseando utilizarlo!

LO QUE VAS A NECESITAR

Un cristal de cuarzo transparente
Tu péndulo
Tu diario mágico
Un utensilio para escribir

INSTRUCCIONES

En primer lugar, coloca tu cristal de cuarzo transparente sobre tu altar mientras pronuncias esta afirmación: «Me ofrezco a mí misma unas respuestas claras e iluminadoras durante esta sesión con el péndulo».

Siéntate de tal manera que puedas apoyar cómodamente el codo en tu altar, porque necesitas tener los antebrazos levantados y estables. Ten en cuenta que en esta postura puedes llegar a cansarte y que no pasa nada por hacer un descanso siempre que lo necesites.

A continuación, coge con el índice y el pulgar de tu mano dominante el extremo del péndulo que no lleva el amuleto. El resto de la cadena debe descansar entre los otros dedos y la palma mientras el extremo que tiene el amuleto debe colgar libremente.

Ahora vas a programar tu péndulo.

En este punto es donde le enseñas cómo debe balancearse para indicar que sí, que no y que quizá. Ve pasando uno por uno haciendo el movimiento que prefieras para representar cada respuesta. Elige aquello que te resulte más lógico.

Esto es lo que yo hago: un círculo en la dirección de las agujas del reloj para indicar sí, un círculo en el sentido contrario para indicar no y un balanceo horizontal para quizá.

Después de programarlo, pruébalo. Haz algunas preguntas de sí o no cuya respuesta conozcas, como «¿Me llamo _____?» o «¿Vivo en (ciudad, provincia o país)?» (cámbialo luego y haz preguntas que sabes que no son verdad para poder comprobar plenamente su exactitud).

Los movimientos pueden tardar un poquito en empezar o pueden ser ligeros, ¡así que presta mucha atención!

Toma nota en tu diario mágico de todo lo que suceda. No te desanimes demasiado si tu péndulo no parece funcionar correctamente o si te da respuestas confusas o contradictorias. A veces tienes que trabajar un poquito más con él para que se pueda sintonizar con tu energía y tu intuición.

Avanza un poco más con tu péndulo

Una vez hecha la primera sesión con el péndulo, es probable que estés diciendo: «¿Y ahora, qué?».

¡Hay muchísimas formas de trabajar con él de manera regular, pero aquí tienes unas pocas que quizá te apetezca probar!

Verifícate a ti misma: a veces sentimos impulsos intuitivos pero no sabemos bien cómo interpretarlos. Cuando tengas dudas, saca tu péndulo de confianza y pregúntale si estás interpretando correctamente las cosas asegurando que expresas claramente tu interpretación. Si recibes una respuesta de no, hazle más preguntas hasta llegar al fondo de la cuestión.

Lecturas del tarot o de cartas oráculo: a mí me entusiasma utilizar mi péndulo en las lecturas del tarot y de las cartas oráculo. Al interpretar cada carta, le pregunto a mi péndulo si voy por el camino correcto. Si recibo un sí, entonces estupendo, pero si me responde con un no, entonces sé que tengo que dedicar un poco más de tiempo a sintonizarme con mi intuición individual, aunque eso signifique apartarme del significado habitual de la carta.

Tomar decisiones: de manera *razonable*, por supuesto. Jamás debes hacer nada arriesgado solo porque tu péndulo te haya dicho que lo hagas (o tu tarot o tus cartas oráculo). Utiliza siempre una combinación de intuición y lógica para no correr riesgos. Puedes empezar utilizando tu péndulo para que te ayude a tomar decisiones pequeñas y sin consecuencias. Por ejemplo, yo lo saco a veces cuando mi pareja y yo estamos intentado decidir qué vamos a cenar, porque ambas somos muy indecisas. Voy repasando cada opción y preguntando: «¿Deberíamos tomar _____?» hasta que obtengo un sí. Y siempre actúa como un amuleto.

APUNTE PARA TU DIARIO MÁGICO: *Obtén algo de práctica con el péndulo llevándotelo contigo una tarde a todas partes. Sácalo siempre que tengas que tomar una decisión cotidiana: qué ruta tomar, qué respuesta debes dar a un mensaje, qué fotografía o vídeo debes publicar en las redes sociales (quizá tengas que ignorar algunas miradas raras de ciertas personas, pero ¿qué más da?). Al final del día, escribe acerca de tu experiencia.*

Otros métodos de adivinación

Es posible que no seas capaz de conseguir una baraja o un péndulo o quizá sencillamente que no vibres con ellos. Aquí tienes algunos métodos de adivinación que emplean herramientas más fáciles de obtener y uno que no requiere ninguna en absoluto.

Bibliomancia: esto es la adivinación utilizando libros. Coge uno, haz una pregunta, cierra los ojos y ábrelo por una página al azar. Con los ojos todavía cerrados, señala una parte aleatoria de la página.

Abre los ojos. Esa es tu respuesta. A veces no tiene sentido o es absurda. ¡Puedes reírte tranquilamente, no hay problema!

Contemplar las nubes: para este no necesitas nada excepto tú misma y un cielo nublado. Busca un lugar donde tumbarte, haz tu pregunta y observa las formas que adoptan las nubes. ¿Qué significan para ti esos símbolos y, lo que es más importante, cómo pueden responder a tu pregunta? ¡Deja que tu imaginación y tu intuición corran libremente!

Reproducmancia: he dejado el mejor para el final porque, en mi opinión, ¡es el más divertido! Es la adivinación a través de la música. Lo único que tienes que hacer es preparar una lista de reproducción, hacer una pregunta y luego pulsar en reproducción aleatoria. Observa qué canción se pone y escucha atentamente la letra. La respuesta podría sorprenderte o incluso conmoverte.

APUNTE PARA TU DIARIO MÁGICO: *Prueba al menos dos de estos métodos de adivinación (o los tres, pero solo si te sientes lanzada) y escribe acerca de cómo te han ido. A continuación, piensa en cosas que haces o utilizas en tu vida cotidiana. ¿Habría alguna forma de convertir algunas de ellas en un método de adivinación? Si así fuese, ¡pruébalo e informa de lo que hayas averiguado!*

Otros métodos de adivinación que puedes investigar a medida que tu práctica vaya creciendo: la numerología, las runas nórdicas (también conocidas como futhark antiguo), el ogham celta, la taseografía (lectura de las hojas de té), la quiromancia (lectura de la palma de la mano) y la cristalovidencia (lectura de una bola de cristal o de otra superficie reflectante).

Ella ve un arcoíris.

Tú ves una promesa de bendiciones futuras.

Ellos ven una pluma blanca.

Tú ves un recordatorio de que hay que mantener la esperanza.

Él ve una serpiente.

Tú ves el potencial de autotransformación.

Todo es cuestión de cambiar tu perspectiva.

Juego de intuición

La adivinación no es lo único que te puede ayudar a ponerte en contacto con tu intuición. Los juegos como este pueden ejercitar la exactitud de tus corazonadas. ¡Además, son divertidísimos!

LO QUE NECESITAS

Un trozo de papel
Un utensilio para escribir
Un tarro mediano o grande con tapa

INSTRUCCIONES

Coge el trozo de papel y córtalo en diez trozos aproximadamente iguales. Dibuja en ellos cualquier símbolo que te apetezca. Algunas sugerencias para empezar podrían ser una luna, una estrella, un sol, una flor y una mariposa.

Dobla los trozos de papel por la mitad y repite la operación una vez más. Échalos en el tarro, tápalo y agítalo, agítalo, agítalo.

A continuación, quita la tapa y elige un trozo al azar. ¡Pero no lo abras directamente! Primero, utiliza tu intuición para intentar adivinar qué símbolo tiene dibujado y *después* ábrelo. Ahora bien, después de todo esto es un juego, así que lleva cuenta de las veces que aciertas.

Presta atención a cómo te sentiste cuando dijiste lo correcto antes de abrir el papel y comprobar que habías acertado. Lo más probable es que esa sea la sensación que te producirá tu intuición cuando tengas razón en algo relacionado con tu vida cotidiana. ¡De este modo, te resultará muchísimo más fácil confiar en ti misma en esos momentos!

Luchas intuitivas

En realidad, no hemos hecho más que rascar la superficie de la forma de trabajar con tu intuición. La mayor parte de esa información no puede estar contenida en un libro, y muchísimo menos en una parte de él.

Esto se debe a que tu intuición es tuya y solo tuya; no se parece a la de nadie más.

La única forma de aprender más acerca de ella es seguir prestándole atención y ejercitándola de todas las formas que puedas imaginar, y no me estoy refiriendo solo a cosas como la adivinación o los juegos de intuición. Siempre que no estés segura de qué hacer (aunque sea en asuntos pequeños y aparentemente sin consecuencias, como elegir el color del que te vas a pintar las uñas o de qué debes darte un atracón en Netflix), cierra los ojos y pregúntale a tu intuición qué deberías hacer.

Siempre hay una razón para ello, aunque todavía no puedas verla.

En algunos sentidos, escuchar a tu intuición es algo muy fácil y natural, porque lo único que estás haciendo es escucharte a ti misma, y esa es alguien a quien ya conoces muy bien.

En mi opinión, cuando comienzas a hablarle a *otras personas* de tus corazonadas es cuando empiezas a dudar de ti misma.

Ha habido muchísimas veces en las que he contado mis corazonadas a otros (como cuando conozco a alguien de quien inmediatamente recibo unas malas vibraciones que me dan escalofríos, aunque superficialmente pueda parecer amable y simpático) e inmediatamente me tildan de criticona. Aunque al final se demuestre que tenía razón, la gente suele decir: «Oh, mmm, ¡qué coincidencia!».

Sin embargo, la intuición no sabe de coincidencias.

Prométeme que jamás vas a dudar de tu valía aunque otros sí lo hagan. *No* estás siendo excesivamente dramática ni estás delirando cuando percibes cosas que los demás no se permiten percibir. Si necesitas oírlo, allá va: *creo en ti*. Pero lo importante no es eso, sino que tú creas en ti a pesar de las posibles resistencias de los demás.

Ignora a todos esos que dudan.

Sé tu propia mejor amiga en las buenas y en las malas, bruja.

¿Quieres aprender más sobre cómo ponerte en contacto con tu propia intuición individual? Te recomiendo de corazón que leas uno de mis libros favoritos, *The Secret Psychic*, de Angela A. Wix.

A la mierda con eso de ser iguales.

Cada vez que me veas,
seré una persona diferente,
pero eso no significa
que esté fingiendo nada.

Solo estoy dejando una alfombrilla de bienvenida
para todas las versiones de mí misma.

Estoy contemplando la belleza
de mis propias idas y venidas,
por muy permanentes que sean,
por muy temporales que puedan ser.

Jamás me he sentido más real en mi vida.

Deberías probarlo en algún momento.

Tercera parte

Tus ciclos

«¿Ciclos?»

¡Sí, ciclos!

Por definición, los ciclos son cosas que se repiten una y otra y otra vez con un principio y un final definidos. Hay *tantos* que experimentas de forma regular que quizá ni siquiera seas consciente de ellos.

Ya sea el ciclo semanal, el lunar o el de las festividades estacionales, cada uno de ellos posee una energía mágica que nos afecta a nosotras y al mundo que nos rodea.

En esta sección te voy a enseñar cómo puedes vivir tu vida *y* trabajar con tu magia a lo largo de algunos que están presentes en tu vida.

En mi opinión, creo que siempre es mejor trabajar *con* esa magia existente que intentar hacerlo *contra* ella.

Ahora bien, no te equivoques. ¡Puedes hacer cualquier tipo de magia que quieras siempre que quieras hacerla! Ya conoces mi opinión acerca de las normas en la brujería: en líneas generales, haz el conjuro que quieras. Tu intuición brujeril debe ir siempre en primer lugar.

De todas formas, *sí* he observado que determinados actos mágicos son más potentes en determinados días, ciclos lunares y festividades estacionales.

Me aventuraría a asegurar que también les sucede lo mismo a las brujas más experimentadas, aunque no siempre estén de acuerdo en qué es más poderoso y cuándo (estas son, como siempre, mis propias formas de verlo basándome en mi experiencia personal como bruja).

Después de todo, ¿por qué *no* aprovechar estos ciclos siempre que puedas?

Observarás que en esta sección aparecerá una combinación de apuntes para tu diario mágico y unas tiradas de cartas. Esto es para ayudarte a mantener el hábito de reflexionar sobre tu intuición y trabajar con ella.

El ciclo semanal

Vamos a empezar por tu día a día.

Cada día de la semana está asociado con un cuerpo celeste (en su mayor parte, planetas, además de la luna y el sol) que le aporta una energía general favorable para determinados trabajos con hechizos y otros actos mágicos:

Domingo (*el sol*): en nuestra sociedad, este día se asocia a menudo con el descanso, pero en realidad es un día estupendo para hacer trabajos que hablen de tu poder y tu éxito. Además, este día tiene un montón de energía feliz, así que suéltate y haz todo aquello que dibuje una sonrisa en tu cara. Alimenta a tu niña interior.

Lunes (*la luna*): por lo general se reconoce como el principio de la semana laboral o escolar y, por tanto, el día de ir a por ello, hablando en términos no mágicos; mágicamente es preferible tomárselo con tranquilidad y acceder a la intuición. En este día es cuando mejor se realiza la meditación, la adivinación y los trabajos relacionados con los sueños.

Martes (*Marte*): este es un día de la semana mucho más intenso. Está acompañado de una energía «enardecida», así que debes trabajar en cosas que requieran empoderamiento, valentía o fuerza o estén relacionadas con ellos. Sigue lo que te marque tu pasión y crea con confianza algo que te entusiasme.

Miércoles (*Mercurio*): ya hay un montón de energía rara rodeando este día porque está en medio. No es el principio de la semana ni tampoco el final. Haz algo inesperado y poco convencional. Exprésate y expresa tu magia de formas nuevas.

Jueves (*Júpiter*): los temas de este día son la prosperidad y la abundancia y, por tanto, es muy conveniente hacer hechizos relacionados con el dinero o el trabajo. Quizá también quieras dedicarlo a reconocer tu propia valía. Esfuérzate por aquellas cosas que sabes que te mereces y cree que puedes conseguirlas.

Viernes (*Venus*): este día está totalmente relacionado con el amor hacia una misma, así que cuídate especialmente bien y haz hechizos que no te estresen y que te honren *a ti*. Es también un día para la belleza y la amistad, así que ¿por qué no te arreglas y pasas un tiempo con las personas a las que más cariño tienes?

Sábado (*Saturno*): el primer día del fin de semana suele considerarse un tiempo de juego e incluso de fiestas. En el aspecto mágico, es el más adecuado para ponerse manos a la obra y superseria. Establece límites (mágicos o de otro tipo) y haz algo de trabajo con la sombra.

APUNTE PARA TU DIARIO MÁGICO: *En líneas generales, ¿qué día de la semana es tu favorito y por qué? Cuando hayas escrito tu respuesta, búscalo en mi lista. ¿Hay algo que te sorprenda cuando comparas tu razón o razones con el significado mágico de ese día?*

Cuando alinees tu magia con los días de la semana, descubrirás qué es lo que te funciona a ti. Si tu intuición te dice que lances un hechizo de prosperidad un martes por la tarde, aunque se considere que para eso son mejores los jueves, no te cortes y hazlo. Quizá haya algo en la energía del martes que te funcione mejor *a ti*.

Quizá no te sientas inspirada
a lanzar un hechizo cada día,
y este es tu permiso
para no hacerlo.

Recuerda:
Tú. Eres. La. Magia.

Por tanto, impregnas
de polvo de estrellas
cada cosa
que tocan tus dedos.

¿Hasta qué punto te sorprende?

Domingo

Alimenta a tu niña interior

Todas tenemos una niña interior, una versión de nosotras mismas que lo único que quiere es jugar, reírse y hacer tortas de barro. Estas siempre resultaban divertidas, ¿verdad?

Por desgracia, cuando nos hacemos adultas, la sociedad va dejando de aceptar cada vez más ese aspecto de nosotras. Si hiciéramos las cosas que hacíamos libremente cuando éramos niñas, nos llamarían *inmaduras* o *infantiles*. A menudo empezamos a creer que solo deberíamos implicarnos en cosas serias como el trabajo, las citas médicas y los impuestos, y por eso reprimimos a nuestra niña interior y nos olvidamos por completo de alimentar ese aspecto de nosotras.

Es importante que intentes liberarte de estas restricciones (no solo los domingos, cuya energía alegre está especialmente dirigida a tu niña interior, sino todos los días).

Como me crie en un hogar inestable, tuve que crecer muy deprisa… más de lo que debería haberlo hecho. Tengo la sensación de que no conseguí disfrutar plenamente de las cosas de las que supuestamente disfrutan los niños porque estaba demasiado ocupada intentando hacer frente a tareas grandes y difíciles que apenas comprendía.

Para mí, una parte de alimentar a mi niña interior supone permitirme hacer aquello que me perdí, como leer libros de primaria que me recuerdan la magia del mundo o jugar a juegos que afirmen que está bien divertirse.

De todas formas, es muchísimo más que eso. Cuando era niña, mis sentimientos eran a menudo ignorados, y por eso ya de adulta me resulta difícil mostrarme vulnerable ante otras personas. La idea de llorar delante de alguien (aunque sea una persona en quien confío) me provoca un dolor casi físico. Para alimentar a mi niña interior, tengo que asegurarme de estar constantemente recordándome que mis sentimientos son válidos y que no me va a pasar nada malo por mostrarlos.

Hay muchísimas formas de alimentar a tu niña interior, dependiendo de lo que hayas experimentado. Para empezar, dale a tu yo adulto el amor que tu yo infantil no recibió jamás.

APUNTE PARA TU DIARIO MÁGICO: *Piensa en unas pocas cosas que te encantaba hacer cuando eras niña. ¿Por qué no las haces hoy? ¿Es porque de verdad se te han quedado pequeñas o porque crees que se supone que no debes seguir haciéndolas?*

* ✳ **TIRADA DE CARTAS** ✳ *

¿Qué puedo hacer
en este momento
para alimentar a
mi niña interior?

Domingo

Hechizo de éxito

¿Qué mejor forma de empezar la semana que con un hechizo fácil y relajado que te prepare para el éxito?

LO QUE VAS A NECESITAR

Un trozo de papel
Un utensilio para escribir
El sol

INSTRUCCIONES

Escribe en tu papel una cosa que quieras conseguir esta semana asegurándote de formularla como una afirmación: «Esta semana tengo muchísimo éxito en _____ ».

Puede ser un objetivo concreto que tengas (como empezar o terminar un proyecto creativo) o algo sencillo como «encontrar la alegría en las cosas pequeñas».

A continuación, deja este trozo de papel en el alféizar de una ventana donde le dé el sol o en algún lugar al aire libre que esté a pleno sol. Acuérdate de repetir tu afirmación mientras lo colocas y termina diciendo «Que así sea».

¡Y eso es todo!

Puedes dejarlo ahí hasta que se ponga el sol.

Y es que el sol (el cuerpo celeste al que está dedicado este día) es conocido por aportar energía a las cosas, y sin duda también puede dársela a tus objetivos.

Si está nublado, no te preocupes. El sol es demasiado poderoso como para que puedan expulsarlo totalmente. Siempre está en algún lugar justo encima de las nubes. Tu hechizo seguirá funcionando perfectamente. Otra posibilidad es colocar tu afirmación debajo de la carta de tarot del Sol o de un cristal de citrino (asociado con la energía solar) y eso también irá igual de bien. Todo es cuestión de ese simbolismo, bruja.

✷ ✶ TIRADA DE CARTAS ✶ ✷

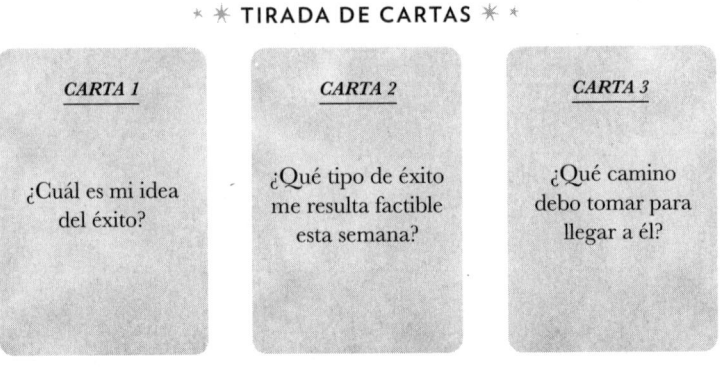

CARTA 1	CARTA 2	CARTA 3
¿Cuál es mi idea del éxito?	¿Qué tipo de éxito me resulta factible esta semana?	¿Qué camino debo tomar para llegar a él?

Lunes
Practicar la meditación

En mi opinión no experta, la meditación es una de las cosas más importantes que puedes hacer en favor de tu bienestar general porque tiene capacidad para reducir el estrés, equilibrar el estado de ánimo y favorecer un sueño apacible (como a mí siempre me ha costado dormir, me ha cambiado la vida).

Muchas de nosotras hemos observado también que retirarnos a nuestro interior y encontrar la quietud puede ayudarnos a discernir la voz de nuestra intuición.

Son demasiados beneficios como para *no* practicarla.

Si nunca has meditado, podrías considerar que es simplemente sentarse, cerrar los ojos y limpiar la mente de pensamientos… no me extraña que a la mayoría de la gente le suene como algo aburrido e incluso imposible. Aunque eso podría considerarse un tipo de meditación, no es ni con mucho el único.

Cualquier cosa que te traiga a la conciencia del presente puede ser meditación. Por ese motivo, es también una fantástica técnica de enraizamiento.

Yo hago una meditación de entre tres y cinco minutos todas las mañanas. Eso es todo lo que realmente necesitas, unos pocos minutos libres. Ni siquiera tienes que meditar todos los días si no quieres. Incorpóralo al principio a tu rutina del lunes y comprueba lo que aporta a tu vida así como a tu viaje mágico.

Una meditación típica podría ser retirarse a un lugar tranquilo, sentarse cómodamente, poner una alarma para delimitar el tiempo elegido y cerrar los ojos (o, al menos, suavizar la mirada) hasta que suene la alarma. Durante ese tiempo intenta no invertir demasiada energía en combatir tus pensamientos; acepta sencillamente que se van a producir y préstales la menor atención posible (algunos días te resultará más fácil que otros). Suelta y *sé* simplemente durante unos minutos.

De todas formas, si esto no te funciona, existen infinitas formas más de meditar:

Da un paseo: por mucho que te duela, hazlo *sin* auriculares. Concéntrate en los sonidos de la naturaleza, de las personas y de la vida. Despréndete de todo tipo de juicios y limítate a ser consciente. Observa lo que percibas (las primeras veces, esto puede resultar complicado, así que hazlo lo mejor que puedas).

Contempla una carta del tarot u oráculo: coge tu carta favorita y colócala al nivel de tus ojos. Contémplala e intenta no fijarte demasiado en un detalle concreto pensando en lo que significa. Puedes poner de fondo una música instrumental suave que te ayude a relajarte.

Trabaja con agua: el lunes está asociado con la luna, que a su vez está asociada con el agua porque mueve las mareas. Puede resultar muy tranquilizante meditar con ella. Busca un lago, un río o un mar y centra tu atención en él. También sirven las gotas de lluvia. Si nada de esto te resulta factible, puedes llenar una bañera, un cuenco o una taza. ¡Y, si todo lo demás falla, pon en YouTube un vídeo centrado en el agua!

✷ ✳ TIRADA DE CARTAS ✳ ✷

CARTA 1

¿Cómo me va a beneficiar la meditación?

CARTA 2

¿Cuál es la mejor forma de meditación para mí?

Lunes

Bolsa de hechizos para tener sueños serenos

Mi pareja no siempre ha creído demasiado en la magia, pero ya antes de hacerlo notaba que descansaba mejor cuando yo hacía uno de estos (ahora bien, esto *no* es un sustituto de la atención médica para casos graves). Es también estupendo si deseas aumentar los mensajes intuitivos que recibes en tus sueños.

LO QUE VAS A NECESITAR

Una bolsita con cuerdas para cerrarla
Unos capullos secos de lavanda
Capullos o pétalos secos de rosa
(para un descanso de belleza… ¿lo captas?)
Trocitos de cristal de amatista

INSTRUCCIONES

Las bolsitas de hechizos son mis favoritas porque son como recetas de olla: ¡echas todos los ingredientes en la bolsa y dejas que su magia actúe!

Al ir introduciendo cada elemento en la bolsa, acuérdate de decir una afirmación positiva como: «Duermo profundamente todas las noches. Mi intuición me habla alto y claro a través de mis sueños. Siempre me despierto sintiéndome descansada». Ya vas captando la esencia. Personalízalo como quieras.

Cuando hayas terminado, di: «Que así sea», y luego coloca la bolsita debajo de la almohada o entre la funda y la almohada (yo te recomiendo lo segundo por si acaso se abre mientras estás profundamente dormida, algo que realmente me sucedió a mí la semana misma en que estaba escribiendo este capítulo. No hace falta decir que, gracias a que la había metido entre la funda y la almohada, no se montó un lío enorme).

Asegúrate de limpiar tu bolsita de hechizos todos los lunes para mantener fresca su energía. Cuando me olvido de hacerlo, mi sueño es más inquieto e incluso puedo notar un incremento de las pesadillas.

APUNTE PARA TU DIARIO MÁGICO: *Siempre que tengas un sueño, acostúmbrate a escribirlo. Hasta los más tontos y sin sentido pueden tener un mensaje intuitivo subyacente que puede resultarte útil para tu vida despierta. ¿Qué sucedió desde el principio hasta el final? ¿Aparecía alguna otra persona que dijera algo? ¿Qué simbolismo percibiste, si es que hubo alguno, y qué significa para ti?*

* ✳ TIRADA DE CARTAS ✳ *

CARTA 1	*CARTA 2*	*CARTA 3*
Una carta que representa el tema del sueño de la noche anterior	¿Qué lección o mensaje puedo extraer de mi sueño?	¿Cómo puedo aplicar esta lección o mensaje a mi vida?

Martes

Reencender tu pasión

Entre pasar unas horas largas y agotadoras en el trabajo o en clase, dedicar tiempo a la familia y a los amigos y (quizá) organizar trabajos secundarios por la supervivencia básica en este infierno capitalista, ¿quién tiene tiempo o energía para encontrar algo que le *apasione*?

No muchos.

La idea de sacar tiempo para ti puede no solo parecer imposible o impracticable, sino que incluso puede hacer que te sientas culpable. Yo también he pensado cosas como «¡Pero podría estar entregando mi tiempo a otra persona!» o «Podría estar haciendo algo productivo».

Lo siento, pero *a la mierda* eso de ser productiva.

La mayoría de nosotras somos productivas durante todo el día.

Tómate un tiempo para descubrir algo que te apasione y hazlo, aunque solo sea durante una hora, más o menos, todos los martes. Porque la vida es muchísimo más que trabajar y ganar dinero. Con esto no quiero decir que esas cosas no sean necesarias (lo más probable es que cualquiera que diga lo contrario sea inmensamente privilegiado y necesite un buen baño de realidad), pero mereces tener muchas *más* cosas.

Mientras estás en ello, te pido que te plantees la posibilidad de *no* convertir todo aquello que te apasiona en un trabajo secundario o en una profesión.

Cuando yo era pequeña, pasaba un montón de tiempo jugando en el ordenador. Era una escapatoria muy necesaria para mi dolorosa realidad. Aunque he hecho mucha sanación, sigo practicando esos juegos. Me dan muchísimo consuelo.

Algunas personas me han preguntado por qué no me hago *streamer* de videojuegos. Pues bien, quiero que los juegos sean esa única cosa que sigue siendo sagrada para mí, la que hago solo para mi propio disfrute y el de nadie más. No quiero que se conviertan en un factor de estrés ni en una obligación. Me merezco esa única cosa, y a ti te pasa lo mismo. Tu pasión forma parte de tu magia, aunque no la compartas con nadie más. Es magia por la única razón de que te ilumina.

APUNTE PARA TU DIARIO MÁGICO: *¿Cuál es tu pasión? Si no estás segura, ¿cuál crees que podría ser? Quizá sea algo que siempre te ha gustado pero que no has tenido la oportunidad de probar, algo que he mencionado en algún punto de este libro, como el tarot o los cristales, o algo interesante que alguien te haya mencionado de paso. Adelante, pon en práctica esa curiosidad.*

✳ TIRADA DE CARTAS ✳

CARTA 1	CARTA 2
¿Qué impresión tengo cuando sigo mi pasión?	¿Qué impresión tengo cuando no la sigo?

Martes

Hechizo para desencadenar el cambio

Vivo en un país en el que, en el momento en que estoy escribiendo esto, los derechos al aborto se están eliminando, las armas de fuego están por delante de las vidas humanas y se están prohibiendo libros escritos por personas marginalizadas o acerca de ellas. Esto es inaceptable. Que este hechizo prenda en ti un fuego que desencadene un cambio feroz en nuestro mundo.

LO QUE VAS A NECESITAR

Tu diario mágico
Un utensilio para escribir
Tu teléfono móvil
Canela en polvo
Una vela naranja en un candelabro
Un encendedor o unas cerillas

INSTRUCCIONES

En primer lugar, debes elegir un tema político o social que te apasione, como los que he indicado (puedes decidir escoger algo que sea nuevo y relevante en el momento exacto en el que estás leyendo esto). ¿Qué cambio te gustaría ver?

Corta una página de tu diario mágico y escríbelo en la parte de arriba seguido de una afirmación: «Puedo ayudar a hacer realidad este cambio. Aporto todo el trabajo necesario. No me rindo hasta que no veo justicia».

A continuación, vas a escribir tu propio plan de acción: una lista de cosas que puedes hacer personalmente para conseguir este cambio.

Esto puede significar votar, protestar, firmar peticiones, hacer donaciones o cualquier otra cosa. Nada —siempre y cuando sea *algo*— es demasiado poco para marcar la diferencia. Dependiendo del tema que se trate, quizá tengas que investigar un poco para ver qué tipo de acción sería la mejor, y esto también puede ser parte del trabajo.

En primer lugar, haz una fotografía de tu lista para tener una versión limpia que consultar más adelante. A continuación, espolvorea un pellizquito de canela sobre el papel para que te dé la energía que necesitas para llevar a cabo este plan. Dobla la hoja por la mitad dos veces (manteniendo la canela dentro) y coloca la vela naranja encima de ella. Cuando la enciendas, no olvides decir: «Que así sea».

✶ ✳ TIRADA DE CARTA ✳ ✶

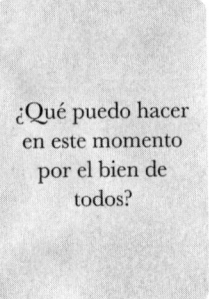

¿Qué puedo hacer
en este momento
por el bien de
todos?

Miércoles

Utilizando tu voz

Si has leído mis poesías, sabrás que a menudo escribo sobre las experiencias dolorosas que he vivido: maltrato infantil, trastornos alimentarios, relaciones tóxicas y muchas más.

Para algunos, consigo que escribir acerca de ellas parezca fácil y sin esfuerzo.

Pero en realidad ha sido todo lo contrario.

Cuando autopubliqué mi primera colección de poemas, *Aquí la princesa se salva sola*, al principio lo mantuve en secreto para todo el mundo (bueno, para *casi* todo el mundo, con la excepción de quien es ahora mi pareja y unas pocas de mis amigas más cercanas que me han acompañado en cada paso).

Princesa era la historia de mi vida hasta ese momento y en aquellas páginas compartía un montón de verdades que hasta ese momento no había expresado en voz alta, sobre todo en lo relativo al maltrato que había sufrido a manos de mi difunta madre.

Tenía miedo de que, si mis seres queridos descubrían mi libro y lo leían, invalidarían mi trauma o incluso se enfadarían conmigo. En el peor de los casos, imaginaba que me abandonarían.

Al final decidí que no quería seguir manteniéndolo en secreto. Me sentía muy orgullosa de él y quería compartirlo con todas las personas que formaban parte de mi vida. Ante mi sorpresa, la mayoría de mis seres queridos me apoyaron; sin embargo, me quedó claro que unos pocos no lo hicieron. Muchos de mis miedos se hicieron realidad y durante un tiempo me costó afrontarlo.

A pesar de ello, si me dieran la oportunidad de hacerlo de nuevo, no cambiaría ni una coma. Había pasado demasiado tiempo de mi vida sufriendo en silencio para mantener la paz. Alzar la voz me ayudó a sanar y, por lo que otros me han contado, también a ellos les hizo lo mismo.

El miércoles es el día de la comunicación. Reconocer su magia es reconocer el poder de tus palabras, así que, cuando alguien te haga daño, házselo saber. Cuando alguien te interrumpa, sigue hablando hasta que hayas dicho todo lo que necesites decir. Y lo más importante de todo, cuenta tu historia con honestidad e inspira a los demás a hacer lo mismo.

Si necesitas ayuda, enciende una vela azul, lleva un cristal de aguamarina o coloca la carta de la Reina de Espadas en tu altar.

APUNTE PARA TU DIARIO MÁGICO: *¿Cuál es esa verdad que te estás guardando para ti? ¿Por qué? ¿Qué es lo peor que podría suceder si la expresaras en voz alta? ¿Qué sería lo mejor?*

121

* ✳ TIRADA DE CARTAS ✳ *

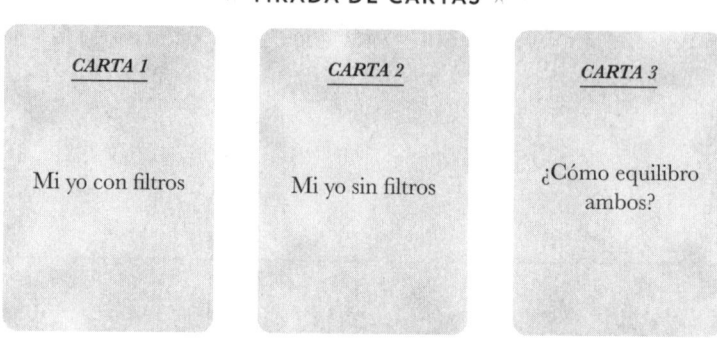

CARTA 1	CARTA 2	CARTA 3
Mi yo con filtros	Mi yo sin filtros	¿Cómo equilibro ambos?

Miércoles

Hechizo para sacarte de tu zona de confort

Muy a menudo, a la gente le asusta cambiar las cosas o hacer algo de una forma diferente, aunque quieran hacerlo. Esto se debe a que puede suponer asumir un riesgo como parecer tonta o avergonzarnos. Pero, si no te arriesgas y lo haces, ¿cómo vas a saberlo? Aunque no salga como querías, al menos averiguaste si es o no para ti. ¡Adelante, lanza este hechizo para que te ayude a empujarte fuera de tu zona de confort!

LO QUE VAS A NECESITAR

Tu diario mágico
Papel para notas
Un utensilio para escribir
Un cuenco pequeño o mediano
Un cristal de piedra lunar arcoíris

INSTRUCCIONES

APUNTE PARA TU DIARIO MÁGICO: *Escribe una lista de entre cinco y diez cosas que puedes llevar a cabo para cambiar tu situación. Piensa en aquello que quieres hacer pero que has estado posponiendo por miedo. Quizá sea algo pequeño y sutil, como llevar el pelo con un estilo nuevo, o grande y amedrentador, como invitar a alguien a tomar un café (platónica o románticamente).*

Haz el ejercicio del diario mágico. A continuación, prepara tantos trozos de papel como necesites y anota en cada uno de ellos un punto de tu lista. Cuando hayas terminado, dobla cada papel por la mitad dos veces y métalo en un cuenco. Crea un espacio sagrado en el centro y coloca en él la piedra lunar arcoíris.

Saca un papel del cuenco cada miércoles. Comprométete a hacer lo que te diga convirtiéndolo en una afirmación: «Hoy doy la bienvenida a la nueva experiencia de _____ y a todo lo que esta tenga que enseñarme. Que así sea». Lleva contigo el cristal para que te apoye energéticamente. Cuando hayas terminado, límpialo y devuélvelo al cuenco. ¡Cuantas más veces lo hagas, más fácil se volverá!

* ✳ TIRADA DE CARTAS ✳ *

CARTA 1	CARTA 2	CARTA 3
Una carta para describir mi zona de confort	¿Qué es lo que me estoy perdiendo en estos momentos al permanecer dentro de ella?	Cómo liberarme

123

Jueves

Conoce lo que vales

Además de los abusos y el abandono que sufrí en mi hogar cuando era niña, muchas de las personas que me rodeaban (como mis iguales e incluso algunas personas de autoridad) me dejaron claro que mis pensamientos, sentimientos y bienestar no tenían ninguna importancia. Al final empecé a creer que yo no era importante, lo que más tarde se manifestó como:

- Rodearme de personas que no me valoraban tanto como yo las valoraba a ellas.

- Tener miedo de participar en conversaciones porque creía que a nadie le importaban mis opiniones ni mis puntos de vista.

- Estar con parejas que constantemente me menospreciaban y me dejaban en segundo lugar.

- No decir nada cuando no se cubrían mis necesidades porque no quería ser un incordio.

- Sentirme incómoda e incluso avergonzada cuando alguien me daba un regalo o siempre que era el centro de atención.

Todo esto son cosas que me siguen costando. La diferencia es que ahora soy suficientemente consciente como para reconocer estos problemas y trabajar para sanarlos.

Sé que no soy la única que tiene problemas de autoestima; es posible que tú también los sufras. Si así fuera, esto es para recordarte que el simple hecho de que otras personas no hayan conseguido *ver* tu importancia no significa que no seas importante.

Eres importante, así que empieza a actuar como tal, bruja.

Da igual lo que puedas ser, da igual lo que te haya sucedido en el pasado, sigues mereciendo muchísimo tener y experimentar cosas maravillosas.

Presta mucha atención a esto los jueves y no te atrevas a conformarte con menos de lo que ahora sabes que mereces… no de los otros y, desde luego, no de ti.

APUNTE PARA TU DIARIO MÁGICO: *Describe un tiempo en el que alguien no apreció tu valor. ¿Te afectó esta experiencia a la larga? ¿Cómo? Describe ahora un tiempo en el que tú no apreciaste tu valor y cómo eso continúa afectándote. ¿Están estas dos situaciones conectadas de alguna manera?*

⁎ ✳ TIRADA DE CARTAS ✳ ⁎

CARTA 1	CARTA 2
Lo que creo que me merezco	Lo que realmente me merezco

Jueves

Tarro de hechizo de prosperidad

Algunas brujas no creen en hacer hechizos de dinero o ganancias materiales, pero yo no estoy de acuerdo. En mi opinión, no supone ninguna vergüenza utilizar tu magia para asegurarte de que estás cuidada en todos los sentidos. Después de todo, necesitas dinero para sobrevivir. Este tarro de hechizo es para ayudarte a atraer más prosperidad a tu vida.

LO QUE VAS A NECESITAR

Un tarro mediano con tapa
Hojas de menta secas
Flores de manzanilla secas
Un cristal de citrino
Tres monedas a tu elección

INSTRUCCIONES

Llena el tarro con las hojas de menta y las flores de manzanilla secas asegurándote de dejar suficiente espacio libre por arriba; esta es la «base» de tu tarro de hechizos, por así decirlo.

A continuación, coloca el cristal de citrino y las tres monedas sobre la base de hierbas. Cuando estés satisfecha con el aspecto que tiene, tapa el tarro.

Sostenlo entre tus manos y pronuncia esta afirmación: «La prosperidad crece y florece en mi vida. Tengo abundancia de todas las cosas increíbles. Merezco todas las bendiciones que me han sido concedidas. Que así sea».

126

Deja el tarro sobre tu altar todo el tiempo que quieras. A mí me gusta tener siempre uno y voy renovando las hierbas cada pocas semanas o meses, por lo general en jueves.

Es importante que sepas que tu tarro de hechizo por sí solo no te va a conseguir dinero. Tendrás que colocarte activamente en situaciones que incrementen tus posibilidades de recibirlo, así que preséntate para empleos, pide un ascenso y solicita donaciones… ese tipo de cosas. Cuando lo hagas, observarás que atraes más. Permanece siempre atenta porque podrías recibirlo de formas inesperadas… y también prosperidad en aspectos distintos del dinero.

✳ ✳ TIRADA DE CARTA ✳ ✳

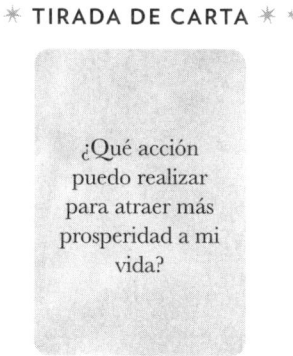

¿Qué acción puedo realizar para atraer más prosperidad a mi vida?

Viernes

Sé mejor amiga de ti misma

El viernes es un día dedicado en parte a la amistad.

Confesión: yo nunca he tenido muchos amigos.

Fui una niña dolorosamente vergonzosa y muy torpe en el aspecto social y una adolescente deprimida, así que me resultaba complicado hacerlos y también mantenerlos.

Sigo teniendo visiones de mí misma sentada en una larga mesa vacía de comedor durante muchos años (lo que daría por retroceder en el tiempo y dar a esa niña un abrazo *enorme*…).

Al final, me sentía tan desesperada por tener amigos que me aferraba a los pocos que tenía durante todo el tiempo posible. Lo hacía incluso cuando me trataban mal, porque sabía que, sin ellos, acabaría estando completamente sola.

Y esa idea me aterraba.

¿Qué pasaría si no volvía a hacer algún amigo?

Por eso seguía dejando que la gente me tratara mal y aferrándome a quienes hacían que mi vida fuera peor en lugar de mejor, incluso ya siendo adulta.

A veces estamos tan ocupadas intentando ser buenas amigas de otras personas que nos olvidamos de que también necesitamos ser buenas amigas de nosotras mismas.

Una parte de lo que supone ser una buena amiga es desprenderse de las personas que ya no nos benefician y confiar en que llegarán otras mejores.

Admito que todavía me cuesta hacerlo, sobre todo si esa persona lleva mucho tiempo formando parte de mi vida. Es como si estuviera escupiendo a la cara de nuestros recuerdos felices. Pierdo completamente de vista el hecho de que puedo conservar esos recuerdos felices mientras paso a hacer otros nuevos en algún otro lugar.

Desprenderse de personas no significa tener que cortar con ellas y apartarlas por completo (aunque en ocasiones puede ser necesario). A veces supone simplemente crear una pequeña distancia, quererlas desde lejos, por muy difícil que resulte, para así poder centrarte por fin en *ti* y quererte mejor.

* ✳ **TIRADA DE CARTAS** ✳ *

CARTA 1	CARTA 2	CARTA 3
¿Cómo es mi amistad conmigo misma en este preciso momento?	¿Cómo sería en su aspecto más sano?	Un pasito que puedo dar para acercarme a él

Viernes

Hechizo para favorecer el amor propio mágico

Los actos de amor hacia una misma sanan el corazón. Los actos *mágicos* de amor hacia una misma van un paso más allá.

LO QUE VAS A NECESITAR

Sal rosa del Himalaya
Un cuenco pequeño
Un cristal de cuarzo rosa
Un cristal de amatista rosa
Una mascarilla facial de agua de rosas (opcional)
Tu diario mágico
Un utensilio para escribir

INSTRUCCIONES

Lo primero de todo: vierte sal rosa del Himalaya en un cuenco pequeño para limpiar suavemente toda energía que no esté alineada con el amor propio y colócalo en algún lugar de tu altar.

Ahora, invita a una energía que *sí* esté alineada con el amor propio, coloca un cristal de cuarzo rosa a un lado del cuenco y otro de amatista rosa en el otro (si no tienes amatista rosa, que es un poco más difícil de encontrar, puedes sencillamente usar dos cristales de cuarzo rosa o uno de cuarzo rosa y otro de amatista morada).

Si dispones de una mascarilla facial de agua de rosas, aplícatela siguiendo las instrucciones. Acuérdate de quitarla cuando recomiende el envase.

A continuación, coge tu diario mágico y sigue esta indicación:

APUNTE PARA TU DIARIO MÁGICO: *Haz una lista de al menos tres cosas que te gusten mucho de ti, pero si puedes poner más, hazlo sin dudar. Puede incluir tu aspecto físico, pero no te limites a él. Tienes muchas más cosas, como tu personalidad, tus logros y tus habilidades. A lo mejor te encantan tus ojos marrones, lo empática que eres o la forma en la que nunca te rindes ante la adversidad.*

* ✷ TIRADA DE CARTAS ✷ *

CARTA 1	CARTA 2	CARTA 3
Una razón para quererme a mí misma	Una segunda razón	Una tercera razón

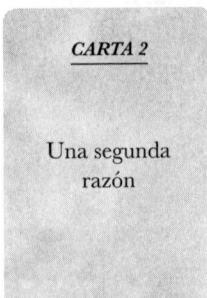
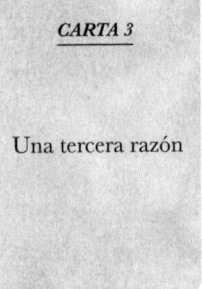

Si te cuesta pensar en cosas que añadir a tu lista, prueba la siguiente tirada de cartas.

Cuando hayas terminado la lista, quiero que coloques con ternura tu mano sobre tu corazón mientras la lees en voz alta. Debes terminar, como siempre, diciendo «Que así sea». Reto: ¡intenta incluir en la lista cosas nuevas que te gusten mucho de ti durante cada sesión mágica de amor propio de los viernes!

Sábado

Trabajando con la sombra

Trabajo con la sombra es una expresión que vemos muy a menudo en los espacios de brujería… pero ¿qué es lo que realmente *significa*?

Para mí, supone entrar en mí misma y afrontar las cosas que he mantenido ocultas en mis sombras: recuerdos dolorosos, verdades que me producen sentimientos de vergüenza. Esas cosas que resulta más fácil ignorar que abordar, así que las oculto no solo ante los demás, sino también ante mí misma.

El trabajo con la sombra supone traer esas cosas a la luz para así poder abordarlas e integrarlas en mi yo «cotidiano».

Disecciono los recuerdos dolorosos para comprobar que estoy permitiendo que afecten de forma negativa a todos los aspectos de mi vida.

Asumo mis errores y me doy cuenta de cómo me han ayudado a convertirme en la persona que soy en la actualidad.

Afronto la verdad de lo que soy, aunque no siempre sea bonita, incluso si me hace resultar menos «perfecta» ante mí o ante los demás.

Pero eso es solo el principio; para hacer el *acto* real del trabajo con la sombra, creo un espacio seguro y protegido, escojo un tema y anoto en mi diario todos los pensamientos que me vengan a la mente. Me gusta pensar que estoy abriéndome camino por la aceptación y la sanación a través de la escritura.

Así es como lo hago:

APUNTE PARA TU DIARIO MÁGICO: *Intenta hacer escritura libre para tu trabajo del sábado con tu sombra. ¿Qué sombras te han estado siguiendo? Coge tu bolígrafo y vierte tus pensamientos en la página durante diez o quince minutos (asegúrate de poner un temporizador). ¡Te sorprenderás de lo mucho que tienes que decir!*

También puedes usar tus cartas oráculo o del tarot como guía para hacer tu trabajo con la sombra:

＊ ✳ TIRADA DE CARTAS ✳ ＊

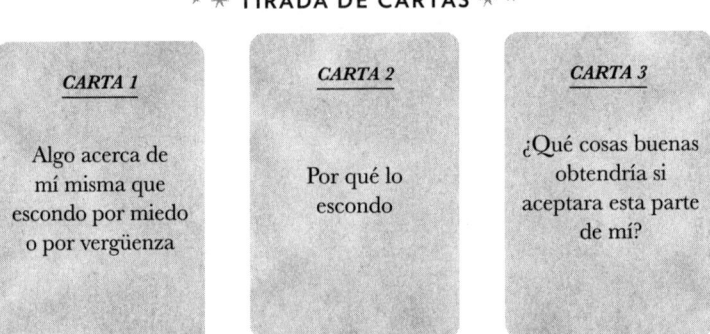

CARTA 1

Algo acerca de mí misma que escondo por miedo o por vergüenza

CARTA 2

Por qué lo escondo

CARTA 3

¿Qué cosas buenas obtendría si aceptara esta parte de mí?

Plantearte estas preguntas puede hacer surgir algunas emociones duras. Si te sientes abrumada, no dudes en llamar a un amigo o familiar de confianza o en buscar orientación profesional de la forma que puedas.

Sábado

Hechizo para fortalecer tus límites

No sé nada de ti, pero yo entrego una enorme cantidad de mi energía a los demás haciendo cosas como acceder a conversaciones, actividades o favores que no me interesan. Puede sucederme con amigos, familiares, iguales, jefes, compañeros de trabajo… con *cualquiera*. A veces queremos simplemente asegurarnos de que las personas que forman parte de nuestra vida se sienten contentas y atendidas, incluso si eso nos agota y nos hace desgraciadas *a nosotras*. Y eso nunca está bien. Este hechizo puede ayudarte a fortalecer tus límites antes de que empiece la nueva semana.

LO QUE VAS A NECESITAR

4 velas negras en candelabros
Un encendedor o unas cerillas

INSTRUCCIONES

Siéntate en el suelo delante de tu altar y coloca las cuatro velas negras alrededor de tu cuerpo: una delante de ti, otra a tu izquierda, otra a tu derecha y la última detrás de ti (de este modo creas de una manera eficaz un límite protector a tu alrededor. Asegúrate de darte espacio suficiente por si quieres estirarte y quedarte un rato ahí).

Cuando enciendas cada una de las velas, repite estas afirmaciones:

- ◆ «Ya no estoy dispuesta a entregarme a mí misma más de lo que quiero o de lo que puedo».
- ◆ «Solo digo que sí a las cosas que quiero hacer».
- ◆ «Me doy permiso para decir que no sin sentirme culpable a cosas que no me ilusionan».
- ◆ «Estos límites son innegociables e inquebrantables, tanto por mi parte como por la de los demás».

Permanece en este espacio y contempla tus límites mientras arden las velas. Cuando se hayan consumido o estés lista para terminar, di: «Que así sea». *Podrías* querer hacer este hechizo todos los sábados para que te ayude a recuperarte de toda una semana de entregar tu energía. Si apagaste las velas antes de que se consumieran, puedes utilizarlas la próxima vez.

* ✳ TIRADA DE CARTAS ✳ *

CARTA 1	CARTA 2	CARTA 3
¿En qué aspecto carezco de límites en este momento?	¿Cómo podría eso perjudicarme?	El empuje que necesito para reafirmar mis límites

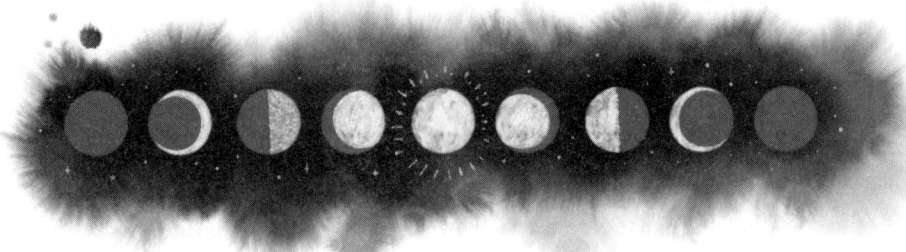

El ciclo lunar

El ciclo lunar dura aproximadamente treinta días desde que empieza hasta que termina. En este tiempo puedes observar que la energía mágica que te rodea y que albergas en tu interior cambia y se transforma también (después de todo, la luna controla las mareas y ya sabemos por nuestras clases de ciencias que estamos compuestas fundamentalmente de agua, así que resulta de lo más lógico creer que también nos afectará a nosotras).

Aunque técnicamente existen ocho fases lunares en total, porque la creciente y la menguante se dividen en varias etapas más pequeñas, nos vamos a atener a las cuatro principales para que, por ahora, resulte sencillo (¿por qué hacer las cosas más complicadas de lo que necesitan ser?).

Comprueba las fechas de las fases en los próximos días. Márcalas en tu calendario e intenta hacer magia con la luna, empezando por la luna nueva y llegando hasta la menguante, si puedes. Comprueba qué es lo que te funciona y modifica lo que no.

Luna nueva: esta es la primera fase del ciclo lunar. Cuando la luna se oscurece por completo, aporta la energía de una pizarra en blanco y de los nuevos comienzos a todas las áreas de tu vida. Los hechizos y rituales de manifestación se realizan *muy* habitualmente en estos días.

Luna creciente: tras la manifestación de la luna nueva, ha llegado el momento de trabajar con nuestra amiga creciente. A medida que la luna va aumentando de tamaño, prepárate para estar ocupada y actuar hacia tus objetivos, para que así puedan fructificar durante la luna llena.

Luna llena: ¡celebra tus logros! Luna llena = poder pleno, así que haz cualquier hechizo que te apetezca. Es también un tiempo excelente para los rituales de liberación: cuando la luna se convierte en un círculo completo, lo mismo sucede con muchas cosas de tu vida, así que despídete de todo aquello que ya no necesites.

Luna menguante: cuando la luna mengua (o empieza a desaparecer), tú también deberías hacer lo mismo. *No* estoy diciendo que tengas que desaparecer literalmente (no debes hacerlo), sino que quizá te apetezca hacer un descanso de todo el trabajo realizado y celebrar lo que hiciste durante las fases creciente y llena. Reflexiona y muestra gratitud por el proceso que acabas de terminar antes de que comience un nuevo ciclo.

APUNTE PARA TU DIARIO MÁGICO: *Esta noche, sal afuera o acércate a una ventana y contempla la luna. Toma nota mentalmente de la fase en la que está y también de cómo te sientes, no solo en términos físicos, sino emocionales también. ¿Crees que eso podría estar relacionado con la fase de la luna? ¿Por qué sí o por qué no?*

Cuando ella está completamente brillante,
es lo único de lo que podemos hablar.

Cuando se retira a las sombras,
sigue siendo lo único de lo que podemos hablar.

Quiero parecerme más a la luna.

Luna nueva

Volver a empezar

Nunca es demasiado tarde para empezar de nuevo.

No tienes por qué quedarte en un trabajo que odias ni seguir estudiando para conseguir un grado que ya no te despierta ninguna pasión.

No tienes por qué seguir manteniendo relaciones que ya no tienen sentido para ti.

No tienes por qué seguir leyendo el mismo tipo de libros, oyendo la misma música ni comiendo las mismas comidas.

No tienes que mantener las mismas creencias o valores que siempre has tenido.

No tienes que seguir levantándote y haciendo todas esas cosas que ya no te hacen feliz.

Cuando estamos habituadas a hacer y ser determinadas cosas, nos quedamos atascadas en nuestras costumbres, pero lo cierto es que no tienes que ser la misma persona que eras ayer. Puedes sencillamente decidir ser distinta un día, seguir una nueva rutina, tener nuevos objetivos, ir en una dirección inesperada.

Y no necesitas el permiso de nadie para hacerlo, excepto el tuyo.

Con esto no quiero decir que empezar de nuevo vaya a ser fácil. En muchos sentidos, no lo será. Hubo momentos en los que yo decidí realizar grandes cambios para hacer que mi vida fuera más auténticamente mía, y solo recibí reacciones negativas por parte de la gente que me rodeaba.

Por ejemplo, cuando decidí denominarme a mí misma como bruja, perdí una amiga o dos que lo desaprobaban claramente (aunque jamás lo admitieron).

A la gente no le gustan los cambios, pero *sobre todo* le desagradan cuando las personas cercanas a ellas empiezan a hacerlos. Quizá se deba a que tienen la sensación de estar siendo juzgadas por sus propias elecciones personales (aunque no es así) o a que no están creciendo todo lo que les gustaría y no les agrada que se lo recuerden.

La luna nueva te ofrece una emocionante pizarra en blanco con la que trabajar, así que aprovéchala todo lo que puedas e ignora a aquellos que quieran menos para ti.

Quizá debas emplear este tiempo para conectarte con aquellos que se identifican más con lo que eres ahora y con eso en lo que quieres convertirte.

*⚹ **TIRADA DE CARTA** ⚹ *

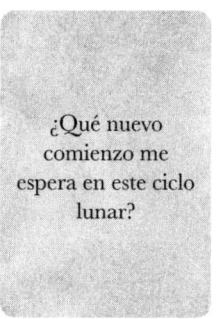

¿Qué nuevo comienzo me espera en este ciclo lunar?

Luna nueva
Manifestación

Manifestar es hacer tus deseos de forma mágica, convertirlos en realidad. Eso es lo que has hecho con todos tus hechizos hasta ahora, pero los hechizos y los rituales de manifestación de la luna nueva son especiales porque puedes crear mágicamente una lista entera de cosas que no necesariamente están relacionadas unas con otras… ¡es casi como tu propia lista mágica de deseos!

LO QUE VAS A NECESITAR

Tu diario mágico
Un utensilio para escribir
Hojas de laurel
Un rotulador indeleble
Un caldero o un plato ignífugo
Un encendedor o unas cerillas largas

INSTRUCCIONES

Para empezar, *piensa* en las cosas que te gustaría manifestar. No es algo que debas hacer de prisa, así que quizá te apetezca dedicar unos días a reflexionarlo de verdad. Pregúntate: *¿cómo es mi vida ideal?* Y sigue a partir de ahí. Intenta no ponerte ningún límite.

APUNTE PARA TU DIARIO MÁGICO: *En la parte superior de la página, escribe: «Por el bien de todos y sin daño para nadie, manifiesto las siguientes cosas o algo mejor». A continuación, escribe tu lista de manifestaciones como si ya fuesen realidad. Sé concreta e incluye cómo te sientes con ellas. Puedes poner, por ejemplo, «Estoy emocionadísima de ser la propietaria de un pequeño negocio/una* influencer *en las redes sociales de éxito». Escribe «Que así sea» al final de la página para terminar.*

Coge las hojas de laurel y el rotulador indeleble y escribe en cada una de ellas una de tus manifestaciones (puedes poner unas cuantas palabras clave si son demasiado largas y no caben; ¡eso es lo que yo hago!).

Empieza a introducir las hojas de laurel en el caldero. Coge el encendedor o la cerilla y ve quemando con cuidado cada una de ellas. De este modo estarás enviando tus manifestaciones al mundo a través de la energía del fuego (es importante que el encendedor o la cerilla sean largos porque las llamas de las hojas de laurel tienden a hacerse grandes muy rápido).

A la mañana siguiente, tira las cenizas donde quieras. A algunas brujas les gusta guardarlas y mezclarlas con sal de mesa para elaborar su propia sal negra para futuros hechizos.

✻ TIRADA DE CARTAS ✻

CARTA 1	CARTA 2	CARTA 3
Lo que creo que soy capaz de manifestar	Lo que realmente soy capaz de manifestar	Cómo elevar el desafío de superar mis propias expectativas

Luna nueva

Cuando tus manifestaciones no se hacen realidad

¡Oh, no...! ¡Manifestaste algo, pero ha transcurrido un tiempo y no ha sucedido nada!

Esta es una situación que toda bruja ha experimentado.

He aquí unas cuantas cosas que debes considerar:

Dale un tiempo: no toda la magia es instantánea. Algunas cosas llevan su tiempo. ¿Permitiste el espacio adecuado para que tu manifestación se hiciera realidad o estás siendo impaciente? Si puedes, intenta dejar de pensar en ello. ¿Recuerdas la frase de que «olla vigilada nunca hierve»? ¡Obsesionarte con ello no te va a ayudar!

Quizá no estés preparada todavía: puede resultar frustrante escuchar esto, pero sé por experiencia que puede ser lo que esté sucediendo. Hace años intenté manifestar un acuerdo de edición de una baraja de tarot, pero el proyecto que propuse se convirtió en unas cartas oráculo. Aunque me encantó cocrearlas, la idea de hacer una baraja de tarot no se me olvidó en ningún momento. Unos pocos años más tarde, después de haberme familiarizado más con el tarot y de haber hecho unos cuantos cursos sobre él, por fin recibí la oportunidad de publicar mi propia baraja. Acabé cocreando las cartas de mis sueños. Echando la vista atrás, me alegro de no haber podido hacer la baraja de tarot la primera vez que me lo propuse. Todavía no estaba preparada para ello y, si lo hubiera intentado antes de estar realmente lista, no habría sido tan buena. Mi manifestación me encontró cuando llegó el momento adecuado.

Sí que se manifestó: a veces, nuestras manifestaciones se hacen realidad y ni siquiera nos damos cuenta de ello porque existe una desconexión entre nuestras expectativas y la realidad. Quizá te decepcione la *forma* en la que se produjo, pero eso no significa que *no* lo hiciera. Vuelve a probar la próxima luna nueva y sé más concreta con lo que manifiestas y las sensaciones que te produce.

Se está cociendo algo mejor: a lo mejor no soñaste suficientemente en grande (ese es el motivo de que nunca tengas que conformarte con menos) o puede que el sueño que tuviste no fuera, al fin y al cabo, lo mejor para ti. Permanece abierta a las posibilidades… ¡quizá estés por recibir algunas sorpresas increíbles!

Podría haber barreras reales: sería muy negligente si no mencionara que los sistemas de opresión como el racismo, el sexismo, el clasismo, la homofobia y la gordofobia están creados para mantener sometidas a algunas personas mientras elevan a otras. Estas cosas podrían afectar a tus manifestaciones y a tu trabajo con hechizos. Puede resultar agotador afrontar estos obstáculos, pero intenta mantener la frente bien alta y no seas demasiado dura contigo misma. *No eres una bruja débil; la sociedad es un lugar gravemente jodido que necesita un cambio significativo.*

Luna creciente
Hacer movimientos

Toda mi vida he sido una lectora voraz.

Al final acabé soñando con ser yo misma escritora.

Escribí unos pocos poemas aquí y allá e incluso algún que otro relato corto. Anhelaba escribir mi propio libro largo, pero no actuaba con mucha constancia. Solía empezar con un brote de inspiración y *a veces* unas pocas páginas escritas antes de que todo se diluyera.

¿Mi conclusión? Bastante mala.

Ojalá hubiera abierto los ojos y me hubiera dado cuenta de que mis sueños no se harían realidad a menos que hiciera de verdad algo para conseguirlo.

Esta es la cuestión.

Si quieres que tus manifestaciones o hechizos se hagan realidad, tus esfuerzos no pueden parar después de que hayas dicho «Que así sea». Según mi experiencia, en ocasiones las cosas te caen del cielo, pero la mayor parte de las veces la magia se produce porque sigues diciendo palabras y emprendiendo acciones que están alineadas con tus deseos, sobre todo durante la luna menguante.

Sé que nunca me habría convertido en escritora si no hubiera dejado de decirme cosas como «No puedo hacerlo» o «Es demasiado difícil», si no me hubiera forzado a apoyar el bolígrafo en el papel y seguido adelante hasta que garabateé la palabra «fin».

He comprobado que procrastinamos las cosas que nos parecen importantes porque tenemos miedo de hacerlas mal. No pasa nada por tener miedo, pero coge ese temor y utilízalo como el combustible necesario para llevarlas a cabo. Puede que resulte un desastre, o que sea maravilloso. No lo averiguarás hasta que lo pruebes, ¿no es verdad?

«Si tengo que hacer tanto trabajo, ¿qué sentido tiene lanzar hechizos?».

Considéralo de esta manera: el hechizo te da unas alas metafóricas. Echar a volar de verdad o no es algo que depende de ti.

APUNTE PARA TU DIARIO MÁGICO: *En lo que respecta a tus sueños y objetivos actuales, ¿en cuáles te da más miedo equivocarte?*

✶ ✳ TIRADA DE CARTAS ✳ ✶

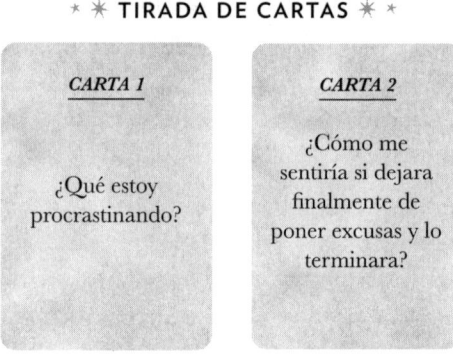

CARTA 1

¿Qué estoy procrastinando?

CARTA 2

¿Cómo me sentiría si dejara finalmente de poner excusas y lo terminara?

Luna creciente

Hechizo de motivación

Es posible que no siempre tengas ganas de trabajar en favor de tus manifestaciones, ni siquiera en luna menguante. Lo entiendo perfectamente. Tener que empezar una tarea nueva, continuar otra o terminar otra puede resultar intimidatorio. Lanza este hechizo rapidito siempre que necesites motivarte para tachar algo de tu lista de tareas pendientes.

LO QUE VAS A NECESITAR

Un trozo de papel
Un utensilio para escribir
Un cuenco pequeño
Unos granos de café

INSTRUCCIONES

Anota en el trozo de papel el objetivo inmediato para el que necesitas motivación.

A continuación, coloca el cuenco sobre tu altar. También puedes usar un tarro con tapa o incluso un cuenco de condimentos, si lo tienes a mano.

Vierte los granos de café (también puedes emplear café molido) en el cuenco llenándolo más o menos hasta la mitad. Ya sabes que, para obtener energía y motivación por la mañana, solemos tomar café. ¡Pues igual podemos usarlo en nuestros hechizos!

Coloca el papel sobre el lecho de granos de café y, mientras viertes unos pocos granos más por encima, repite la siguiente afirmación: «Estoy motivada para completar este objetivo de _____. Sé cómo hacerlo. Nada ni nadie, incluida yo misma, puede detenerlo. Que así sea».

¡Listo!

Este hechizo está destinado para un solo objetivo, pero puedes hacerlo tantas veces como quieras. Incluso muchas veces al día con distintos objetivos. Y lo mejor de todo es que solo te llevará unos pocos minutos.

✶ ✴ TIRADA DE CARTAS ✴ ✶

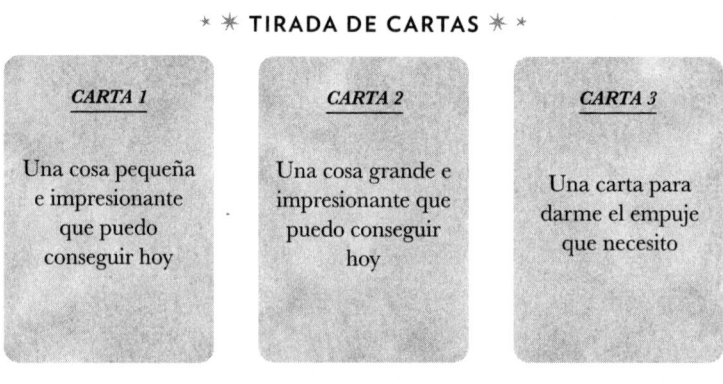

CARTA 1

Una cosa pequeña e impresionante que puedo conseguir hoy

CARTA 2

Una cosa grande e impresionante que puedo conseguir hoy

CARTA 3

Una carta para darme el empuje que necesito

Luna llena

Celebrarte a ti misma

Soy de ese tipo de personas que, cuando consigue algo, quiere pasar casi de inmediato a la siguiente meta interesante.

Incluso mientras escribo este libro ya estoy pensando en el que voy a hacer a continuación: qué título va a tener, cómo va a ser la portada, qué formato voy a dar a sus contenidos…

Debes dedicar siempre un tiempo a hacer una pausa y celebrar tus logros, por muy grandes o pequeños que sean. No pases corriendo de las cosas como si fuesen algo insignificante. Si lo haces, más adelante, cuando eches la vista atrás y te des cuenta de que en cierto momento soñaste con estar justo donde estás ahora, te vas a sentir vacía porque no hiciste una parada para apreciar el proceso que te condujo hasta ese punto.

(¡Me estoy esforzando por mejorar en esto, te lo aseguro!).

No, no hace falta que celebres una fiesta por todo lo alto con una larga lista de invitados cada vez que saques un sobresaliente en un examen, que consigas tu cliente soñado o que se haga realidad una de tus manifestaciones. No hace falta ser tan dramática.

Celebrar puede significar *muchísimas* cosas distintas.

Puede ser cenar sola al aire libre para poder contemplar la puesta de sol.

Puede ser ir a tu pastelería favorita y darte un caprichito (quizá sea lo que hice yo ayer).

Puede ser pararte a decirte un silencioso pero sentido «enhorabuena» a ti misma.

Cuando las brujas hablan de rituales de luna llena, por lo general se están refiriendo a rituales de liberación. Sin embargo, yo creo que también deberíamos normalizar la autocelebración como ritual, aunque eso no implique un hechizo. Celebra lo que merezca ser celebrado y *a continuación* deshazte de lo que ya no te sirva.

* ✳ **TIRADA DE CARTA** ✳ *

¿Qué es lo que he conseguido en este ciclo lunar que merece ser reconocido?

Luna llena

Liberar

¡Pues sí, tu primer hechizo de liberación para la luna llena estará pronto en marcha! Prepárate para liberar energéticamente todo aquello que no quieras llevar contigo al siguiente ciclo lunar. De este modo dejas espacio libre para que te lleguen nuevas manifestaciones.

LO QUE VAS A NECESITAR

Tu diario mágico
Un utensilio para escribir
Papel para notas
Una papelera

INSTRUCCIONES

APUNTE PARA TU DIARIO MÁGICO: *En la parte superior de la página, escribe: «Para el bien de todos y sin daño para nadie, libero las siguientes cosas con amor». Haz tu lista. Por ejemplo: «Los objetivos (concrétalos) que ya no se adaptan a mí», «Mi conducta de autosabotaje» y «Mi decepción por las cosas que no salieron». Termina poniendo «Que así sea».*

A continuación, coge tu papel para notas y córtalo en trozos suficientemente grandes como para poder escribir en ellos. En cada uno debes poner una de las cosas que quieres soltar. También sirve poner palabras clave.

Y aquí viene lo divertido.

Cuando hayas terminado, coge esos trozos de papel y córtalos en trocitos diminutos. Al rasgar cada uno de ellos, di: «De este modo libero mi vida de esto _____ ».

¿Dónde tiramos todas las cosas obsoletas que ya no queremos? A la basura.

Sí, la basura también puede ser mágica.

Adelante, tira todos esos trocitos de papel a la papelera que tengas más cerca. Asegúrate de sacar la basura para alejarla todo lo posible de tu persona. Ya no la necesitas.

Catártico, ¿no te parece?

* ✳ TIRADA DE CARTAS ✳ *

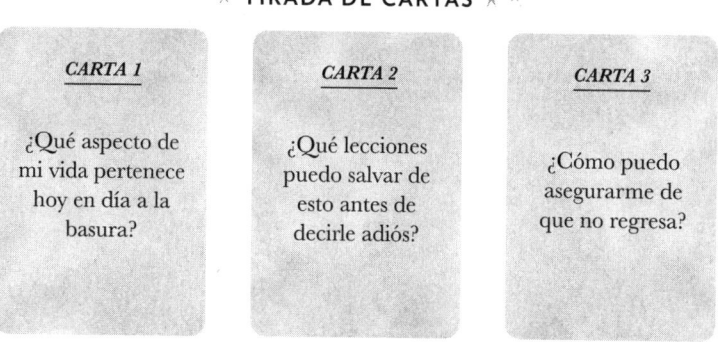

CARTA 1	CARTA 2	CARTA 3
¿Qué aspecto de mi vida pertenece hoy en día a la basura?	¿Qué lecciones puedo salvar de esto antes de decirle adiós?	¿Cómo puedo asegurarme de que no regresa?

Luna llena

Hacer agua de luna

Puedes preparar agua de luna en *cualquier* fase lunar, dependiendo del tipo de magia que quieras hacer con ella, pero la luna llena equivale a poder pleno, así que es el momento más favorable. La intención que le des será potente.

Para preparar agua de luna, llena un recipiente hermético con agua del grifo. Susúrrale una afirmación y ciérralo. Déjalo bajo la luna llena o en una ventana y se supercargará de forma mágica. También puedes rodearlo

con cristales, hierbas o cartas que se correspondan con tu intención. Eso sí, ¡asegúrate de salir y cogerlo antes de que salga el sol!

Cómo utilizar tu agua de luna:

Bébela: ve bebiéndola a sorbitos o empléala para preparar té, café o cacao caliente. Cuando bebas el líquido, estarás tomando también su energía mágica.

Limpia con ella: lávate la cara o las manos con ella o vierte un poco en un baño para limpiarte. También puedes emplearla para limpiar las herramientas mágicas que puedan mojarse.

Bendice con ella: el agua de luna es básicamente un agua santa de bruja, así que puedes utilizarla para bendecirte mágicamente a ti misma o para bendecir tus herramientas o cualquier otra cosa.

Luna menguante

Descansar

Cuando estás volcada en tus objetivos y manifestaciones de una forma exclusiva y constante, puedes olvidarte de hacer una pausa para oler la lavanda.

Puedes llegar a abandonar el cuidado de tu mente, tu cuerpo y tu alma durmiendo menos, abandonando otros intereses y aficiones o dejando de dedicar tiempo a tus seres queridos.

Por suerte, la luna menguante supone una paradita agradable antes del siguiente ciclo lunar.

Durante esta fase, saca tu agenda y haz una reevaluación seria. Apuesto a que hay al menos *una* cosa cada semana hasta la luna nueva que puedes aplazar o algo que te agota de una forma tan innecesaria que puedes retirarlo completamente de ella.

Cuando hayas liberado algo de tiempo para ti, quiero que te sientes y no hagas nada, o al menos que hagas algo agradable que no requiera demasiada energía. Ponte al día con un programa de televisión que te guste o sal por ahí con una amiga que no requiera demasiada atención y a quien le parezca bien hacer algo un poco más tranquilo y relajado ese día.

Lo que me pasa a mí es que, incluso cuando se supone que estoy descansando, acabo empezando a pensar en todas las cosas que tengo que hacer cuando se agote el tiempo. Y eso puede hacerme un nudo en el estómago y angustiarme muchísimo. Ha habido casos en los que incluso he dejado de descansar para así poder empezar este trabajo y acabar con esas sensaciones.

Eso *no* es descansar de verdad, y sé que no soy ni con mucho la única que tiene esta tendencia.

No recargarte adecuadamente entre los distintos capítulos de tu vida puede conducir inevitablemente a un desgaste importante, y esa no es una situación en la que puedas trabajar (al menos, no bien). Esto podría retrasar tu avance, así que ¡haz un inmenso favor a tu futuro yo y descansa durante la luna menguante para así poder entrar en el siguiente ciclo lunar más renovada que nunca!

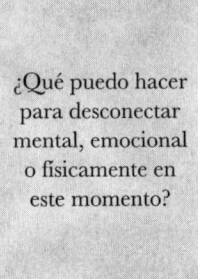

¿Qué puedo hacer para desconectar mental, emocional o físicamente en este momento?

Luna menguante

Hechizo de gratitud

¿Cuándo fue la última vez que contaste tus bendiciones? Algunas personas creen que, cuando muestras gratitud, estás energéticamente llamando a más cosas por las que puedas sentirte agradecida. En el transcurso del ciclo lunar (desde la última luna nueva hasta ahora), ve registrando todos tus momentos alegres tomando fotos y vídeos con el móvil (sugerencia: haz álbumes para organizarlas según el ciclo lunar). Serán importantes para este hechizo de la luna menguante.

LO QUE VAS A NECESITAR

Una vela plateada en un candelabro
Un encendedor o unas cerillas
Tu móvil
Tu diario mágico
Un utensilio para escribir

INSTRUCCIONES

Enciende la vela plateada y di: «El reflejo de mí misma alegra mi perspectiva».

Saca tu móvil y ve pasando las fotos y los vídeos del ciclo lunar, pero no vayas de uno en uno como si estuvieses mirando un álbum de fotos viejo y polvoriento que te dio tu tía Mildred para que te entretuvieras. Contempla cada uno de ellos lentamente y con atención. Tómate tu tiempo para *recordar* de verdad lo que fue estar en ese momento. Investiga cada uno de los detalles diminutos, microscópicos: qué sentiste, cómo olía, qué sonidos tenía. Revive sin vergüenza tu felicidad para que puedas escribir sobre ella de una forma más eficaz.

Ahora escribe en tu diario.

APUNTE PARA TU DIARIO MÁGICO: *Escribe: «Por todas las siguientes cosas, estoy increíblemente agradecida y doy la bienvenida a más como ellas en mi vida» en la parte superior de la página. Utiliza las fotos y los vídeos para que te vayan guiando mientras haces la lista, aunque tienes plena libertad para incluir cualquier otra cosa que te venga a la mente, y termina con «Que así sea».*

Deja que la vela se consuma o apágala y utilízala para tu siguiente hechizo de gratitud.

También puedes descargar las fotos y los vídeos en las redes sociales para mostrar al mundo lo mucho que tienes para mostrarte agradecida (sin alardear demasiado). Esto no solo enviará hacia afuera una energía mágica extra, sino que también podría inspirar a otras personas a mostrarse agradecidas por sus bendiciones.

✳ ✳ TIRADA DE CARTAS ✳ ✳

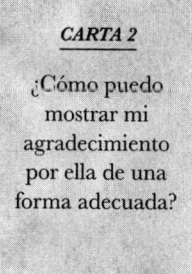

CARTA 1

¿Cuál de mis bendiciones podría estar pasando por alto?

CARTA 2

¿Cómo puedo mostrar mi agradecimiento por ella de una forma adecuada?

El ciclo de las festividades estacionales

Puedes trabajar con la energía mágica de las estaciones alineándote con el ciclo de las festividades, es decir, con la rueda del año.

Al conectarte de esta forma con la tierra, quizá descubras que estás mucho más en sintonía contigo misma, porque las estaciones suelen reflejar lo que está sucediendo al mismo tiempo en nuestra propia vida.

La mayoría de estas festividades no se celebran siempre el mismo día todos los años, así que compruébalas antes de marcarlas en tu calendario. Puedes incluso comprar un calendario brujeril con las fechas ya incorporadas. La mayoría incluyen también las fases de la luna.

Las fechas aproximadas que se indican a continuación son para el *hemisferio norte* (para el sur, mira en el lado opuesto de la rueda para encontrar la correcta).

Yule (*solsticio de invierno*): se celebra el 21 de diciembre o alrededor de esa fecha. Es el día más corto del año y la noche más larga. Las brujas suelen decorar árboles festivos, prender troncos de Yule y compartir la alegría del próximo regreso de la luz del sol dando y recibiendo regalos. El frío y la oscuridad te brindan también la oportunidad de mirar en tu interior, de hacer un poco de búsqueda del alma y de acceder a tu resiliencia.

Imbolg/Imbolc: el punto medio entre Yule y Ostara se celebra el 1 de febrero o alrededor de esa fecha. Los días cortos y fríos del invierno se están volviendo al fin un poco más largos y soleados. Se empieza a tener la sensación de que la primavera está a nuestro alcance. Cuando la tierra se deshiele, tú harás lo mismo, así que abre paso a la nueva felicidad y al nuevo crecimiento haciendo un poco de limpieza de primavera… ¡tanto de forma literal como mágica!

Ostara (*equinoccio de primavera*): esta celebración de que la noche y el día tienen la misma duración tiene lugar el 21 de marzo o alrededor de esa fecha. La luz del sol sigue estando cada vez más presente en nuestros días, que es algo para celebrar. Anímate y organiza una agradable comida al aire libre o prepara una búsqueda de huevos de Ostara. Permítete el capricho de unos conejitos de chocolate. Alimenta todas las formas en las que has estado creciendo.

Bealtaine/Beltane: el punto medio entre Ostara y Litha suele celebrarse el 1 de mayo o alrededor de esa fecha. La luz del sol es cada vez más abundante y la tierra está despertando al fin. El aire está cargado de indicios de verano. Este es a menudo un día para el amor: la unión de manos (también conocida como ceremonia nupcial pagana) y el emparejamiento. Plantéate la posibilidad de ponerte una corona de flores y encender una hoguera o haz alguna otra cosa enfocada hacia tu lado más salvaje.

Litha (*solsticio de verano*): suele celebrarse el 21 de junio o alrededor de esa fecha y es el día más largo y la noche más corta del año. ¡Eso significa que el sol está ahora brillando con toda su fuerza! Celebra el regreso de la luz y también todas las cosas por las que tienes que estar contenta. Participa en actividades veraniegas como preparar una parrillada o nadar. Ponte el traje de baño con confianza.

Lúnasa/Lughnasadh: el punto medio entre Litha y Mabon suele celebrarse el 1 de agosto o alrededor de esa fecha. El verano está empezando a irse de nuestras manos y quizá empieces a ver pequeñas señales del otoño. Esta es la primera de las tres festividades de la cosecha, que suelen celebrarse horneando o comiendo pan y cogiendo girasoles. Es también un momento para hacer un repaso de tu crecimiento anual.

Mabon (*equinoccio de otoño*): nuestra segunda celebración de la igualdad en la duración del día y de la noche suele tener lugar el 21 de septiembre o alrededor de esa fecha. A partir de ahí, las noches se irán haciendo cada vez más largas. En honor de la segunda festividad de la cosecha, coge una taza de café con leche y calabaza y ve a recolectar unas manzanas y calabazas. Juega con las vibrantes hojas que acaban de empezar a caer. Y, ya que estás en ello, enamórate de *ti*.

Samhain: el punto medio entre Mabon y Yule suele celebrarse el 31 de octubre o alrededor de esa fecha. El otoño está partiendo. Te guste o no, el invierno se está colando por la puerta. Los días se están volviendo muy cortos y hay muy poca luz de sol. Como esta es la última festividad de la cosecha, es un momento estupendo para honrar el pasado año, así como tu pasado en general, incluyendo a tus seres queridos difuntos y a tus antepasados.

APUNTE PARA TU DIARIO MÁGICO: *Algunas festividades cristianas y seculares se inspiraron en las de la rueda del año, muchas de las cuales eran adaptaciones de fiestas paganas muy antiguas. Repasa la lista que te acabo de dar. ¿Cuáles te resultan festividades comunes y conocidas? Si es posible, ¿cómo podrías integrar estas de la rueda del año en algunas de tus tradiciones ya existentes?*

A medida que va girando la rueda del año, puedes añadir adornos estacionales a tu altar (por ejemplo, pequeños arbolitos festivos para Yule o guirnaldas de hojas de otoño para Mabon) y cambiándolos para la siguiente festividad. Considéralo otra forma de honrar la magia de la Madre Tierra.

Vivo mi vida tan profunda

y dramáticamente como

la tierra vive sus estaciones:

me permito a mí misma sentir

cada pequeña cosa con intensidad,

y no me importa quién esté mirando.

Adelante, mírame con el mismo asombro y horror.

Yule

Búsqueda del alma

Si Yule es el día con menos sol de todo el año, entonces ¿por qué es un día tan alegre? ¿Por qué se le conoce de forma cariñosa como «navidad de las brujas»?

Bueno, es básicamente el punto más oscuro antes del amanecer. A partir de aquí, el sol irá empezando a regresar (muy) lentamente a nosotras; eso es, en último término, lo que estamos celebrando, pero no *todo*. También festejamos la promesa de que nuestra vida cotidiana está a punto de cambiar para mejor.

Muy pronto dejaremos de estar encerradas en nuestra casa para protegernos de las carreteras heladas y el frío gélido.

Muy pronto volveremos a salir al aire libre y a conectarnos con la Madre Tierra, a disfrutar del glorioso calor y la vitamina D que tanto hemos echado de menos.

Muy pronto nos sentiremos otra vez un poco más como somos.

Todo esto son cosas fantásticas que anhelar; de todas formas, cuando los árboles festivos se hayan retirado, los troncos de Yule se hayan apagado y los regalos se hayan guardado, seguirán quedando muchos días fríos y oscuros.

Después de todo, sigue siendo invierno.

Dependiendo del lugar en el que vivas, tendrás que afrontar todas estas cosas al menos unos pocos meses más, así que ¿por qué no te asientas en la oscuridad? Ponte un jersey superancho. Prepárate una taza de algo caliente y reconfortante (en invierno; a mí me gusta beber té de naranja y clavo; es delicioso) para que puedas ir más despacio y conocer mejor al otro.

La oscuridad es algo que celebrar también.

En nuestras horas más oscuras, mientras todo está quieto y silencioso, es cuando podemos por fin volvernos hacia adentro y explorar nuestro mundo interior, exactamente igual que hacen las semillas en la tierra antes de brotar en la primavera.

APUNTE PARA TU DIARIO MÁGICO: *Es el tiempo de la búsqueda del alma. Recuerda un tiempo en el que te sentiste sola o aislada de los demás, ya fuera o no por propia voluntad. ¿Cuál fue la verdad más grande que te reveló esta experiencia acerca de ti?*

✶ ✳ TIRADA DE CARTAS ✳ ✶

CARTA 1	CARTA 2	CARTA 3
¿Quién soy cuando estoy con otros?	¿Quién soy cuando estoy sola?	¿Cómo pueden coexistir estos dos aspectos de mí?

Yule

Hechizo de resiliencia

Es posible que tengas la sensación de que, para pasar el invierno, necesitas un *poquito* más de fuerza de la habitual. Aunque es mi segunda estación favorita después del otoño, hasta yo puedo sentirme inquieta cuando se acerca el final, cuando esos días fríos no hacen más que arrastrarse, arrastrarse y arrastrarse. Aquí tienes un hechizo que puedes lanzar alrededor de Yule (o, realmente, en cualquier momento del invierno) para aumentar tu resiliencia. ¡Vas a conseguir superar perfectamente esta estación, preciosa!

LO QUE VAS A NECESITAR

Una vela dorada en un candelabro
Una bandeja pequeña o mediana
Agujas de un árbol de hoja perenne
Un encendedor o unas cerillas

INSTRUCCIONES

Coloca la vela dorada en el centro de la bandeja.

Espolvorea las agujas formando un círculo alrededor de la vela (¡también puedes utilizar romero como opción más práctica!).

Al encender la vela dorada, pronuncia la siguiente afirmación: «Consigo superar los días de invierno que quedan. Soy tan resiliente como un bosque entero de árboles de hoja perenne. No hay frío, ni siquiera una avalancha de nieve, que sea capaz de derribarme. Que así sea».

Si dispones de tiempo, te recomiendo que te quedes y dejes que la vela se consuma del todo. Mientras lo hace, imagina que la llama y los árboles de hoja perenne (en términos energéticos) trabajan juntos para fortalecer tu resiliencia.

* ⁕ TIRADA DE CARTAS ⁕ *

CARTA 1

Lo que me hace
resiliente

CARTA 2

La forma en la
que puedo acceder
a mi resiliencia en
esta estación

Imbolg

Emerger de tu capullo

Cuando llega Imbolg, las señales del invierno están empezando a desvanecerse. El aire debería estar empezando a caldearse y la nieve a fundirse, preparándose para el nuevo crecimiento. Muy pronto podrás empezar a percibir señales de la primavera, como el canto de los pájaros y pequeños rodales de flores en el jardín.

Las campanillas de invierno que resplandecen entre la nieve que se funde son, sin lugar a dudas, mi imagen favorita de Imbolg.

Es posible que se trate solo de la poeta sensible que albergo en mi interior, pero así es como yo lo veo: cuando por fin llega el tiempo de que renazcan las campanillas de invierno, toman el nombre de aquello que les impidió crecer. No olvidan las lecciones que aprendieron de la escarcha mientras estaban profundamente escondidas en la tierra fría. Permiten que se conviertan en parte de ellas, que las fortalezcan.

De una forma muy mágica, tienen incluso la audacia de *parecerse* a la nieve.

Asombroso.

Cuando emerjas por fin del capullo de tu chaqueta, recuerda lo que supuso enfrentarte al frío. Esa versión de ti es lo que te ayudará a llegar a la primavera.

Estás ya muy cerca.

Mientras la tierra se prepara para que salgan las nuevas plantas, prepárate *tú* también para tu próxima evolución:

Rebusca por tus espacios ocultos: a veces, cuando no veo determinadas cosas materiales, me olvido de que están ahí, lo que me demuestra que en realidad no las necesito tanto. Si esto te suena, rebusca en tus armarios y cajones. Dona todo lo que esté bien y tira aquello que no se pueda rescatar de ninguna manera.

Pon al día tus redes sociales: ordena tus publicaciones y tus listas de seguidores. Deshazte de todo aquello que te esté impidiendo crecer para convertirte en la persona que más deseas ser.

Haz un poco de limpieza en tu casa y en tu espacio: utiliza sonido o humo para limpiar tu altar. Este puede ser también un tiempo estupendo para limpiar energéticamente tu casa.

APUNTE PARA TU DIARIO MÁGICO: *Tus costumbres (lo que has estado haciendo o pensando) pueden necesitar también una limpieza de primavera. ¿Qué debes dejar atrás junto a la versión invernal de tu persona?*

✳ ✳ **TIRADA DE CARTAS** ✳ ✳

CARTA 1	CARTA 2
Algo que debes desempolvar y utilizar	Algo que debes guardar durante un tiempo

Imbolg

Limpieza del hogar

Hay muchas formas de limpiar mágicamente tu espacio. Yo personalmente prefiero una olla con agua hirviendo y hierbas. No solo no cuesta nada, sino que huele de maravilla. Cuando el vapor se eleva del agua, limpia energéticamente toda la casa. Aquí tienes una versión que yo hago en Imbolg o alrededor de ese día.

LO QUE VAS A NECESITAR

Una olla pequeña
Agua del grifo
Nieve fundida (opcional)
Una cocina u hornillo
Ramitas secas de romero
Flores secas de lavanda
Una cuchara de cocina grande

INSTRUCCIONES

Llena la olla hasta la mitad con agua del grifo. Si tienes nieve, añade un puñado (puedes esperar a que nieve, recoger un poco y guardarla en el congelador. En caso contrario, los cubitos de hielo funcionan estupendamente). Cuando la nieve se derrite, la energía del invierno se funde también en los recovecos y las ranuras de tu hogar.

Deja que el agua rompa a hervir en la cocina o en el hornillo.

Añade con cuidado las ramitas de romero (para limpiar) y las flores de lavanda (para dar un toque primaveral; muchas brujas las usan también para limpiar). Deja hervir unos minutos más (no sé si hay alguna norma para esto, pero yo lo dejo hasta que empiezo a percibir con fuerza el olor de las hierbas).

Remueve la olla con la cuchara en el sentido contrario a las agujas del reloj y di: «De este modo limpio este hogar del frío del invierno, de la energía congelada. Que dejen tras ellos espacio para el calor y el rejuvenecimiento de la primavera. Que así sea».

En magia, un movimiento en el sentido de las agujas del reloj manifiesta o crea; en el sentido contrario, libera o aparta.

Baja el fuego y deja que el agua hierva lentamente de manera constante.

Yo suelo dejar que mis ollas hagan su trabajo entre tres y cinco horas. Asegúrate de estar en un lugar donde puedas vigilarla, sobre todo si tienes niños o mascotas. Pon una alarma en tu móvil y regresa cada treinta o cuarenta minutos para reponer el agua que se haya evaporado. Cuando hayas terminado, escurre la olla y echa las hierbas al compost o tíralas.

* ✳ TIRADA DE CARTA ✳ *

¿Cómo podría
yo florecer esta
primavera?

Formas cotidianas de limpiar tu hogar

Aunque Imbolg es un momento estupendo para limpiar energéticamente tu casa, no debería ser el *único* en el que lo haces. No limpiarías el cuarto de baño una sola vez al año, ¿verdad? (¡bueno, espero que no, pero no voy a juzgar!). Yo personalmente intento hacer algún tipo de limpieza cada luna llena (a veces una sí y otra no) porque es un buen momento para eliminar cualquier energía negativa que haya podido quedarse atascada en mi espacio.

Usa sonido o humo: toca la campana o prende tu manojo de hierbas o tu incienso y luego camina en el sentido contrario a las agujas del reloj (empezando por la puerta o por el umbral) por cada una de las habitaciones de tu casa dejando que el sonido o el humo limpien todas las cosas malas y las eliminen. Este es probablemente el método de limpieza del hogar más básico que existe, así que creo que todas las brujas deberían probarlo *al menos* una vez.

Barre: las brujas no pueden volar de verdad en escobas, pero *sí* podemos limpiar mágicamente con ellas. Para eso, te recomiendo que compres o fabriques una escoba especial conocida como *besom*. Después de barrer con tu cepillo habitual, camina por tu casa en sentido contrario al de las agujas del reloj utilizando tu escoba especial para barrer el aire —o la energía— justo por encima del suelo. Abre la puerta y échalo fuera.

Utiliza fuego y agua: enciende una vela blanca y (¡con cuidado, con mucho cuidado!) ve caminando de una habitación a otra moviéndote en círculos en el sentido contrario a las agujas del reloj. Puedes dejarlo ahí pero, si quieres, también pues coger un poco de agua de luna llena y rociar un poco alrededor de cada habitación teniendo cuidado con todo aquello que pueda estropearse si se moja, como los libros y los aparatos electrónicos.

Haz una olla de agua hirviendo más cotidiana: algunos de mis ingredientes favoritos para la olla de agua hirviendo son el romero (que limpia), las rodajas de limón (que purifican) y los clavos enteros (que protegen contra la energía negativa). Puedes seguir las instrucciones de la olla de agua hirviendo de Imbolg sustituyendo los ingredientes que se indican por estos otros.

APUNTE PARA TU DIARIO MÁGICO: *Prueba al menos tres de estos métodos para la limpieza del hogar. ¿Con cuál te has identificado más? ¿Hay alguno que crees que no volverías a hacer? ¿Por qué? Yo personalmente creo que el de barrer es estupendo en teoría, pero que supone demasiado trabajo, así que me limito a los otros.*

Ostara

Descartando la idea de los «placeres culpables»

Voy a ser honesta: Ostara no es mi favorita. Esencialmente es la Pascua de la bruja, una festividad que celebraba de niña, pero que jamás me divirtió realmente. Ostara comparte muchas de las mismas imágenes y tradiciones, así que me resulta difícil conectarme con ella.

De todas formas, sigo intentándolo, porque esta festividad tiene muchos aspectos valiosos.

No es solo un día en el que reconozco que la luz del sol y la de la luna han alcanzado un equilibrio perfecto tras meses de oscuridad y que todo el verdor está haciendo su tan esperado regreso.

Es también un día en el que me devuelvo *a mí misma* el equilibrio.

Es habitual celebrar los temas de la fertilidad, el crecimiento y el renacimiento comiendo dulces y postres. Comer es *sin duda* una forma de reequilibrarte… siempre y cuando no te sientas culpable por ello. Avergonzarte por «excederte» (signifique eso lo que signifique) o planear cómo vas a «comer mejor mañana» (la comida es ajena a la moral) es, en realidad, lo contrario a la armonía.

Y eso me lleva al tema de los placeres culpables. Francamente, creo que son una sandez. La única razón por la que podrías llegar a sentirte culpable de disfrutar de algo inocuo es porque tuvieras miedo de que otras personas te menospreciaran o incluso se rieran de ti por ello.

No te voy a mentir: *podrían hacerlo.*

Pero al menos estarás contenta leyendo tus novelas románticas, escuchando a Taylor Swift y comiendo todos los huevos de chocolate que quisieras. Mientras tanto, ellos estarán en un rincón sintiéndose fatal porque no soportan ver que otros experimentan la alegría que no se permiten a sí mismos, todo para poder tener una falsa sensación de superioridad.

¿Cuál de estas cosas te suena mejor *a ti*?

APUNTE PARA TU DIARIO MÁGICO: *¿Alguna vez has hecho referencia a algo diciendo que es tu «placer culpable»? ¿De qué se trata y por qué te hace sentirte culpable? Ahora, reclámalo escribiendo: «Me doy permiso a mí misma para revelarme en las cosas que me aportan una felicidad inocua, incluyendo _____. Que así sea».*

* * TIRADA DE CARTAS * *

CARTA 1	CARTA 2	CARTA 3
¿Qué me estoy negando a mí misma en este momento?	¿Por qué lo hago?	¿Cómo puedo superar esta restricción?

Ostara

Hechizo para alimentar tu crecimiento

Las flores se han abierto, y tú has hecho lo mismo. Pero ellas no se limitan a crecer y permanecer por siempre vibrantes. Tienes que alimentarlas con cosas como luz solar y agua a lo largo de toda la estación. Algunas personas les dicen también palabras alentadoras para ayudarlas a prosperar. Y tú necesitas lo mismo. Haz este hechizo para alimentar tu propio crecimiento en Ostara.

LO QUE VAS A NECESITAR

Una cesta pequeña o mediana
Un lazo verde
Papel para notas
Un utensilio para escribir
3 huevos de plástico rellenables
Un conejito de chocolate

INSTRUCCIONES

Coloca la cestita (o un cuenco) en tu altar.

Introduce en ella el lazo verde (también sirve hilo verde o tiras finas de papel de ese color, a ser posible biodegradable) de manera que cubra el fondo. Debe representar la hierba y el abrazo nutritivo de la Madre Tierra.

Corta el papel en tres trozos medianos y escribe en cada uno de ellos una forma positiva en la que has crecido como persona desde el invierno.

Tienen que ser cosas que te gustaría seguir nutriendo para que continúen estando fuertes. Pueden incluir hábitos pequeños como levantarte un poco más temprano para sacar tu carta diaria de tarot o algo que te haya cambiado la vida como eliminar las drogas o el alcohol (esto no pretende sustituir el tratamiento; debe servir como inspiración mágica para que busques una curación en el mundo real).

Introduce cada trozo de papel en uno de los huevos y, mientras lo haces, repite una afirmación de ánimo, como «Soy plenamente capaz de mantener mi nueva rutina para levantarme/mi estilo de vida sobrio».

Cierra los huevos e introdúcelos en la cesta. Cuando incorpores el conejito de chocolate (o una chocolatina, si fuese necesario), di: «Que así sea» (el chocolate resulta reconfortante; aquí alimenta simbólicamente tu crecimiento. ¡Si quieres, puedes comértelo cuando hayas terminado!).

* ✳ TIRADA DE CARTA ✳ *

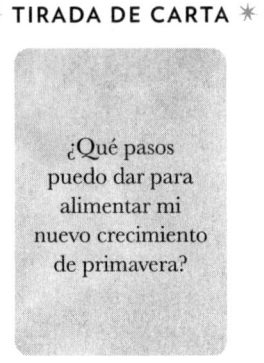

¿Qué pasos puedo dar para alimentar mi nuevo crecimiento de primavera?

Bealtaine

No hagas daño, pero no admitas tonterías

En mi colección de poemas *Flower Crowns & Fearsome Things* investigo lo complicado que resulta ser humano. Nunca somos una cosa todo el tiempo. Algunas partes de nosotros pueden ser suaves y vulnerables, como flores silvestres, mientras que otras pueden ser feroces y devastadoras, como incendios en el monte.

Hacia Bealtaine observarás que la luz y el verdor continúan creciendo en abundancia y que el calor del verano está empezando a pegarse a tu piel. Como muchas brujas, puedes celebrarlo poniéndote una corona de flores y bailando alrededor de una hoguera. Baila para honrar cada uno de los aspectos de tu ser, los suaves y también los feroces.

Esta época parece ser buena para hablar sobre el concepto de «no hagas daño, pero no admitas tonterías», muy común entre las brujas modernas.

A mí me *encanta* esta idea.

En mi práctica (y en mi vida), lo veo como no hacer nunca daño de manera intencionada a otra persona (mi lado suave) pero tampoco quedarme parada y dejar que me lleguen daños de manos de otra persona (mi lado feroz).

Hay muchas formas de interpretar la frase «no admitas tonterías». Para algunas brujas, significa lanzar un maleficio a los que les hayan hecho algo malo, es decir, practicar una magia dañina. Como ya sabes a estas alturas, ese no es mi estilo (no te voy a criticar si es el tuyo, pero no puedo ayudarte).

Aquí tienes algunos métodos simples pero eficaces que puedes utilizar:

Sigue adelante: si se cruza un trol en tu camino, o si alguien plantea problemas por el gusto de hacerlo y no se puede razonar con él, cállate o bloquéalo (literal o figuradamente). Aléjate. Entrega tu energía a algo que te importe.

Alza la voz: ¿alguien está cotilleando sobre ti o intentando hacer un daño irreparable a tu carácter? Muy bien, no puedes limitarte a quedarte parada y permitirlo. Llámale la atención por las tonterías que está diciendo.

Enviarles amor: con frecuencia, contrarrestar la mala conducta de otras personas con amabilidad las pilla desprevenidas y les hace reconsiderar lo que están haciendo (y, además, la cara que ponen *no tiene precio*).

APUNTE PARA TU DIARIO MÁGICO: *¿Te identificas con el concepto de «no hagas daño, pero no admitas tonterías»? ¿En qué sentido?*

★ ✳ TIRADA DE CARTAS ✳ ★

CARTA 1	CARTA 2
Yo en mi faceta más vulnerable	Yo en mi faceta más devastadora

Bealtaine

Tarro de hechizos para soltar tu lado salvaje

Un tema asociado con Bealtaine es tu *lado salvaje*, la que eres sin la influencia de los juicios de los demás, el acoso ni las tácticas comerciales de la industria cosmética. Son cosas que puedes esconder, amortiguar o cambiar porque la sociedad no las acepta. Conéctate con tu versión auténtica y real de ti con la ayuda de este tarro de hechizos.

LO QUE VAS A NECESITAR

Cosas «salvajes» de la naturaleza (¡sigue leyendo!)
Un tarro mediano o grande con tapa

INSTRUCCIONES

Antes de hacer el hechizo, sal y recoge algunas cosas «salvajes», lo que sea que te guste y que te puedas encontrar en la naturaleza, como musgo, flores, clavos, corteza de árbol y piedras o guijarros.

Ahora bien, no cojas nada que no seas capaz de identificar (podría ser peligroso) ni te pongas a coger flores del jardín de otras personas ni a arrancar la corteza del tronco de ningún árbol (busca corteza caída o incluso ramitas). Sé consciente y respetuosa.

Cuando vuelvas a tu altar para hacer tu hechizo, introduce tus objetos dentro del tarro de la forma que quieras. Por cada uno de ellos, dedica un momento a imaginar algo que quieres hacer para dejar salir tu lado salvaje.

A lo mejor te apetece ir sin sujetador, o dejar de llevar ropa que se ajuste a tu género. Puede que quieras dejarte crecer el pelo o afeitarte la cabeza. A lo mejor quieres volver a reír libremente y a carcajadas después de que haya habido quien te lo ha criticado durante años (¿te has percatado de que esto último era *un poquitito* personal?).

Cuando hayas terminado, tapa el tarro.

Sostenlo entre tus manos y repite las palabras: «Soy mi lado salvaje, y mi lado salvaje es yo. A partir de este punto, me juro no ser nada más que mi yo puro, hermoso y sin ataduras para que todos lo vean».

Mientras dices «Que así sea», quita la tapa del tarro para simbolizar energéticamente que dejas tu lado salvaje en libertad.

Mantén este tarro en tu altar todo el tiempo que quieras y, cuando te apetezca retirarlo, echa los ingredientes al compost o a la basura.

* ✳ TIRADA DE CARTA ✳ *

¿Qué es para mí la libertad completa y salvaje?

Litha

Apreciar los días soleados

Es Litha. Por fin hace suficiente calor como para que la gente camine por ahí en camisetas de tirantes, pantalones cortos y sus sandalias más bonitas. El sol brilla con fuerza en lo más alto del cielo. De hecho, este día tiene más horas de luz solar que ningún otro del año. Cuando te preparas para irte a la cama, es posible que el sol esté *empezando* a ponerse.

Es un día largo y alegre, hecho para parrilladas, para nadar, para ir de aventura, para los parques acuáticos y los días de playa.

Elijas lo que elijas, aprovecha la luz mientras está aquí.

Ya sabes que no siempre va a ser así.

Cuando pase el día de hoy, el sol irá poco a poco poniéndose cada vez más pronto y el aire se irá volviendo más y más fresco.

Evidentemente, todavía tienes *mucho* tiempo para disfrutar de la naturaleza y explorar innumerables experiencias veraniegas increíbles, pero ¿no tienes la sensación de que el tiempo pasa más rápido cuando te estás divirtiendo más? (a lo mejor solo me pasa a mí…).

Lo que más me gusta de Litha es que nos enseña algo que va mucho más allá de la estación.

Aprecia los días soleados de tu vida porque nunca sabes lo que puede suceder. Mañana, el cielo podría cubrirse y descargar sobre ti una tormenta inesperada y devastadora. Mientras estés acurrucada en tu refugio esperando a que pase, podrás aferrarte a todos esos buenos momentos.

También te recuerdan que tienes muchas más cosas a las que aspirar cuando todo haya pasado.

La rueda de la vida *siempre* vuelve a girar a tu favor.

APUNTE PARA TU DIARIO MÁGICO: *¿Cuál es tu recuerdo favorito del verano, ese al que puedes volver para que te recuerde que las cosas pueden mejorar?*

* ✳ **TIRADA DE CARTAS** ✳ *

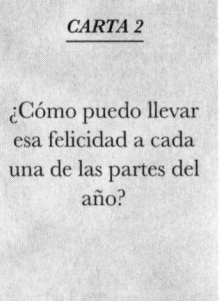

CARTA 1	CARTA 2
¿Qué me hace feliz?	¿Cómo puedo llevar esa felicidad a cada una de las partes del año?

Litha

Hechizo para reafirmar tu cuerpo de playa

Este hechizo no consiste en obtener de forma mágica un cuerpo preparado para la playa, sino en aceptar el hecho de que ya lo tienes, porque *todos* los cuerpos son cuerpos de playa. No hay nada que tengas que cambiar de ti antes de ponerte el bañador y divertirte al sol.

LO QUE VAS A NECESITAR

Tu bañador favorito
Un espejo de cuerpo entero

INSTRUCCIONES

Antes de encaminarte a la playa o a la piscina, ponte el bañador. A continuación, busca un espejo de cuerpo entero.

Al mirarte en él, quiero que pretendas que estás contemplando a tu mejor amiga, porque así es exactamente como vas a tratarte a ti misma.

¿Y qué es lo que hacen las mejores amigas? ¡Darse bombo la una a la otra!

Si todavía no lo has hecho, dirígete una sonrisa cálida y acogedora. Mírate a los ojos mientras te bañas de halagos como: «¡Dios mío, estás guapísima!» y «Esa camiseta te queda preciosa, bruja» (intenta evitar palabras como *favorecedora* porque a menudo son eufemismos de «Te hace más delgada». No hace falta estar delgada para estar guapa).

Ahora, habla a tu reflejo y muestra que estás de acuerdo con él y di: «Que así sea».

Aunque pueda parecer un hechizo excesivamente simple, creo que elegir amar y aceptar incondicionalmente a tu cuerpo en una sociedad que está constantemente diciéndote lo que está mal es una magia *extremadamente* poderosa.

* ✳ TIRADA DE CARTA ✳ *

¿Cómo puedo ser hoy más amable con mi cuerpo?

Lúnasa

Empieza tu cosecha

Lúnasa es la primera de las tres festividades de la cosecha.

En mi zona, es entonces cuando la gente empieza a recolectar (o a coger) los melocotones y las nectarinas maduras. También se cosecha el trigo, que luego se utiliza para hacer pan. Por eso las brujas la denominan la «festividad del pan» (lo que resulta adorable).

Es habitual celebrar esta recolección de los alimentos; después de todo, nutren nuestro cuerpo y nos aportan la energía que necesitamos para vivir. Eso es, sin ninguna duda, algo que todas deberíamos apreciar, seamos brujas o no.

En mi opinión, también es importante celebrar otro tipo de cosecha: la tuya personal.

En este punto, te estás acercando al final del año. Antes de que te des cuenta, será Samhain. Está claro que, hasta este momento, has conseguido muchísimas cosas, así que asegúrate de dedicar unos momentos a pensar en todo el progreso que has hecho hacia tus objetivos personales. Recolecta todas tus victorias y tus éxitos tomando nota especial de ellos. Date una palmadita en la espalda por haber hecho un buen trabajo… ¡te lo mereces!

Al mismo tiempo, empieza a pensar en todas esas cosas que han sido fuerzas positivas pero que ya han llegado hasta donde podían llegar. ¿Qué debes recolectar y disfrutar por última vez —por ahora *o* para siempre— para así poder seguir expandiéndote de formas nuevas?

Yo, por ejemplo, empecé mi carrera escribiendo colecciones de poemas, pero luego cocreé una baraja oráculo, que me colocó en un camino completamente nuevo y diferente. Ahora me encuentro en un punto en el que pronto voy a publicar mi última colección de poemas sobre el futuro predecible para así poder trabajar en proyectos relacionados con la brujería como este.

No estoy despidiéndome de escribir poesía (al menos, creo que no lo estoy haciendo), pero lo estoy dejando en pausa porque no me ayuda a expandirme de la forma que quiero. Quizá lo haga en el futuro. De momento, estoy contenta con el proceso y con todos los éxitos que me proporcionó, pero también estoy preparada para otros viajes nuevos. Y es posible que a ti te suceda lo mismo.

APUNTE PARA TU DIARIO MÁGICO: *¿Cómo es tu cosecha personal este año?*

✳ ✳ TIRADA DE CARTAS ✳ ✳

CARTA 1	*CARTA 2*	*CARTA 3*
Algo que todavía necesita tiempo para crecer antes de la cosecha	Algo que puedo recolectar en este momento	Algo que recolectar, disfrutar y soltar para siempre

Lúnasa

Hechizo para mimarte

Mereces mimarte después de todos los esfuerzos que has hecho este año. Este hechizo te ayuda a celebrarlo y actúa como fertilizante de futuros proyectos. Como este es el comienzo de la estación de la cosecha —un tiempo indudablemente centrado en la comida—, ¿por qué no lanzas un hechizo que incorpore un poco de magia de cocina fácil?

LO QUE VAS A NECESITAR

Un cuchillo de mantequilla
Manteca de girasol
Un trozo de pan
Un plato
Girasoles y un jarrón con agua (opcional)

INSTRUCCIONES

Con el cuchillo de mantequilla, extiende la manteca de girasol sobre el pan. Sírvetelo en un plato bonito (¡es una ocasión especial!).

Si tienes girasoles, córtales el tallo y colócalos en un jarrón con agua. Ponlos en el sitio que hayas elegido para comer, ya sea una mesa o tu altar. También sirven los girasoles artificiales.

¿Y por qué tanto girasol, te preguntarás?

Pues porque se recolectan en este tiempo y, además, se asocian con la felicidad y la buena suerte. Tú mereces estas dos cosas y más, sobre todo al encaminarte al resto de la estación de la cosecha.

Todavía queda mucho tiempo para hacer y recolectar muchísimas cosas increíbles.

Mientras te tomas el pan, piensa en todo lo que te gustaría cosechar —o conseguir— antes que concluya la temporada.

Antes de tomar el último bocado del pan, di: «Ya he conseguido muchísimas cosas este año y continúo haciéndolo. Estoy logrando todas estas cosas y más (¡y aquí es cuando enumeras tu lista!). Que así sea».

Recógelo todo y coloca los girasoles en tu altar.

* ✴ TIRADA DE CARTA ✴ *

Una cosa que puedo hacer para recolectar mis sueños u objetivos inmediatos lo antes posible

Mabon

Tomar café con leche y calabaza para protegerte

Seguimos la temporada de la recolección con nuestra segunda festividad de la cosecha, Mabon.

El aire está refrescando y te pone la nariz adorablemente colorada. Alzas la mirada y contemplas los árboles llenos de hojas brillantemente cambiantes, amarillas, rojas y naranjas. Tus redes sociales están repletas de personas con bufandas recogiendo calabazas con sus amigos, familias y parejas. Puedes sentirte repentinamente inspirada a hacer una tarta de manzana.

Esta festividad se considera el Día de Acción de Gracias de las brujas, así que sigue evaluando tu cosecha personal y mostrándote gratitud.

Si compartes este día con alguna otra persona, ¡asegúrate de expresar tu gratitud también por ella! Estás estupendamente por tu cuenta, pero seguro que también hay algunas personas que aportan valor a tu vida y merecen ser apreciadas.

En esta época, la gente empieza a tomar café con leche y calabaza. Mientras estoy escribiendo esto, ha regresado oficialmente y todo el mundo es *un poquitito* más feliz que ayer… ¡ah, la magia innegable del café con leche y calabaza!

De verdad, ¿sabías que esta bebida tiene una *tonelada* de propiedades mágicas? Es especialmente increíble para fomentar la prosperidad, la confianza en ti misma y los trabajos de protección.

La autoprotección es vital, sobre todo ahora que estás recolectando algunos de tus logros más impresionantes y esperados. No todo el mundo lo va a ver con asombro y orgullo. Hay quien te mirará con envidia y celos, y esa energía mala, sea intencionada o no, podría hacerte tropezar.

En cierta ocasión conocí a una persona que dijo que esperaba que alguien a quien ambos conocíamos tuviera un accidente. Unos pocos días más tarde, lo tuvo y resultó gravemente herido. No voy a afirmar que la mala energía de esa persona provocara el accidente, pero estoy segura de que no fue nada beneficiosa (¡sí, se sintió extremadamente arrepentida!).

Cada vez que tomes tu café con leche y calabaza, asegúrate de susurrarle una afirmación de protección. Por si acaso.

✳ ✳ TIRADA DE CARTAS ✳ ✳

CARTA 1

¿Quién ha hecho que me sintiera apoyada este año?

CARTA 2

¿Quién me ha hecho sentirme segura?

CARTA 3

Una forma pequeña de disfrutar de los días de otoño que quedan

Métodos cotidianos de autoprotección

Aquí tienes unas cuantas ideas más para proteger tu energía, sobre todo cuando no es la temporada del café con leche y calabaza. Al final deberás llegar a un punto en el que implementes la protección todos los días, ¡no solo antes de hacer hechizos, sino antes de hacer *cualquier cosa!* Y lo mismo podemos decir de la limpieza y el enraizamiento. Prueba una rutina para limpiarte, enraizarte y protegerte cuando te levantes.

Humedecer: después de darte una ducha, coge tu loción preferida y póntela en el dedo. Dibújate con ella pentáculos en la piel y luego frótatela normalmente. De este modo crearás una barrera protectora invisible para todo el día.

Hechiza tus joyas: coge cualquier joya (un collar, un anillo o una pulsera, por ejemplo), colócala en un plato lleno de romero y déjala ahí unas horas. De este modo la cargarás de energía protectora. Cuando estés lista, póntela y encuentra la paz mental sabiendo que estás segura.

Imagínalo: cierra los ojos e imagina una luz sólida del color que quieras que te envuelve y protege tu cuerpo. Tan fácil como eso.

✶ ✳ **TIRADA DE CARTAS** ✳ ✶

CARTA 1	CARTA 2
Aquello de lo que más necesito protegerme en este momento	Las medidas que puedo tomar para asegurarme de que no corro ningún peligro

Mabon

Hechizo para caer rendida a tus pies

Cuando caen las hojas, ¿qué tal si haces un hechizo para caer rendida a tus pies?

LO QUE VAS A NECESITAR

Tu diario mágico
Un utensilio para escribir
Papel para notas
3 hojas de otoño
Cinta adhesiva
Una bandeja pequeña o mediana
Bellotas, castañas o semillas de arce (opcional)

INSTRUCCIONES

APUNTE PARA TU DIARIO MÁGICO: *Haz una lista de todas las razones por las que mereces que alguien caiga rendido a tus pies. Evita en todo lo posible tus atributos físicos y describe, en cambio, tu espíritu. ¿Eres de ese tipo de personas que siempre deja paso en la autovía a los que quieren incorporarse? ¿Eres una amiga leal? ¿Eres excepcionalmente fiable y colaboradora? ¡Escoge cosas de este tipo!*

Cuando hayas terminado la lista, elige tres de tus razones favoritas. Rompe el papel en tres trozos y escribe una razón en cada uno de ellos.

A continuación, vas a pegar los papeles a las hojas de otoño, uno en cada una. Las hojas estarán más lisas y será más fácil trabajar con ellas si las prensas previamente durante unos cuantos días entre las páginas de un libro grande.

Si no hay hojas de otoño en el sitio donde vives, puede servirte cualquier hoja que haya caído de forma natural. También puedes comprar hojas de otoño artificiales en una tienda de artesanía o dibujarlas y colorearlas y luego recortarlas.

Colócalas en el centro de la bandeja haciendo una pausa para decir en voz alta cada una de las razones utilizando este formato: «Merezco que caigan rendidos a mis pies por _____ ». Cuando hayas expresado la última, di: «Por tanto, igual que caen estas hojas, elijo caer rendida a mis pies cada día. Que así sea».

Si quieres añadir un toque extra de magia, puedes rodear las hojas con otras señales de otoño como bellotas, castañas o semillas de arce (esas cosas divertidas con forma de helicóptero).

Deja la bandeja sobre tu altar todo el tiempo que quieras. El otoño pasado yo la mantuve allí varias semanas porque era casi como una decoración otoñal y me alegraba cada día al verla.

✳ ✳ TIRADA DE CARTA ✳ ✳

¿Cómo puedo
seguir amándome
a mí misma a
través de mis
cambios?

Samhain

Honrar tu pasado

Samhain es la festividad de la rueda del año favorita por abrumadora mayoría entre las brujas… ¡yo incluida!

Algunas llegan a considerarla tan importante que la denominan *el Año Nuevo de la bruja*.

Y entiendo muy bien por qué. Es el día del año en el que todo el mundo está celebrando la magia, puesto que Samhain suele festejarse el día de Halloween o alrededor de esa fecha (¡sí, nuestro queridísimo Halloween evolucionó precisamente de él!).

Es también el único día del año en el que te puedes vestir todo lo brujeril que quieras sin que nadie te mire raro por ello. No es que ser una bruja signifique que tienes que vestirte de una forma determinada, porque no es así, pero resulta mucho más fácil llevar un sombrero puntiagudo, por ejemplo, cuando tantas que no son brujas van por ahí llevándolo también.

Y es otra festividad de la cosecha. Resulta lógico que continúes pensando en todas las cosas que has recolectado este año (¡hacerlo mientras comes puñados y más puñados de caramelos de Halloween, es decir, tu cosecha física, tampoco estaría tan desencaminado!).

Como esta es también la *última* festividad de la cosecha, supone decir adiós a este ciclo anual. Cuando lo hagas, asegúrate de mostrar también un agradecimiento especial a la versión de ti de este año que muy pronto, también, quedará en el pasado... *para siempre*.

Nos movemos tan deprisa que a veces olvidamos periodos enteros de nuestra vida. A veces echo la vista atrás y me doy cuenta de que muchos años... se han ido. No podría decirte ni una sola de las cosas que sucedieron, no me queda ni un recuerdo, ni un sentimiento, ni una experiencia. Es como abrir un libro y empezar a leerlo a partir de la mitad.

Es una pena olvidar a la persona que fui antes, a los que han hecho posible la existencia que tengo hoy. Por eso es tan importante que tu diario no haga solo un seguimiento de tu trabajo con los hechizos, sino también de lo que eres y de dónde has estado. Recuerda *toda* tu magia, no solo la intencionadamente brujeril.

APUNTE PARA TU DIARIO MÁGICO: *¿Quién has sido este año?*
Interpreta esta pregunta como te apetezca.

* ✳ TIRADA DE CARTAS ✳ *

CARTA 1	CARTA 2	CARTA 3
La lección más importante que he aprendido este año	La bendición más importante que he recibido este año	Algo de este año que merezca la pena ser recordado

Samhain

Hechizo para honrar a tus difuntos

Otra forma de honrar tu pasado es honrar a tus seres queridos que ya no están en esta tierra. Se dice que el velo que separa nuestro mundo del de los espíritus es más delgado en Samhain. Por eso, muchas brujas deciden invitar a sus seres queridos difuntos a una cena silenciosa. ¡Vamos a empezar poco a poco tomando un aperitivo con ellos!

LO QUE VAS A NECESITAR

Una vela negra en un candelabro
Un encendedor o unas cerillas
Un aperitivo (te recomiendo algo con romero,
porque representa la rememoración)
Fotos o recuerdos de tus seres queridos

INSTRUCCIONES

Antes de empezar, enciende la vela negra para asegurarte de que tu espacio resulta agradable y está protegido contra energías no deseadas o negativas (es importante siempre que hagas un trabajo relacionado con los espíritus, sobre todo en una noche como Samhain, cuando hay tantos rondando por ahí. ¡No quiero que te asustes por esto; te lo digo para que te asegures de hacer lo necesario para mantenerte segura!).

Prepara tu aperitivo (una parte del cual será para tus seres queridos) y tráelo a tu altar o a la mesa. Como señal de respeto, asegúrate de servirles a ellos primero, como harías con cualquier invitado.

A continuación, coloca sus fotografías o recuerdos en el sitio que hayas asignado a cada uno. Deja claro quién es quién diciendo: «[Nombre], me encantaría que disfrutaras de un pequeño aperitivo conmigo».

Mientras comes, dedica un momento de silencio a sus vidas. Contempla sus fotos o recuerdos y rememóralos. Ponles mentalmente al día de todo lo que se han podido perder desde que se fueron. Diles lo mucho que los quieres y los echas de menos (estoy completamente convencida de que pueden escuchar nuestros pensamientos, o al menos percibir la energía que les estás enviando).

Cuando hayas terminado, di: «Gracias por venir. Que vuestro recuerdo permanezca siempre claro en mi corazón. Que así sea». Apaga la vela. Cuando se hayan ido, puedes tomarte su parte del aperitivo... ¡no les va a importar!

✳ ✳ TIRADA DE CARTA ✳ ✳

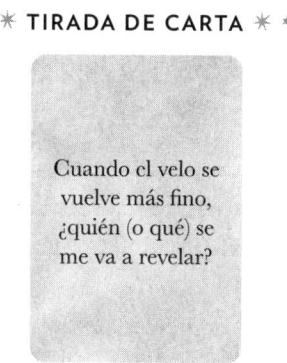

Cuando el velo se vuelve más fino, ¿quién (o qué) se me va a revelar?

Formas cotidianas de conectarte con tus difuntos

Yo me conecto con mis seres queridos difuntos y con mis antepasados todos los días. Creo que les ayuda a seguir vivos y formando parte de mi vida. Y, al conectarme con aquellos que vinieron antes que yo (es decir, con mis antepasados), puedo aprender de ellos y hacerme mejor idea de lo que soy y de quién puedo llegar a ser. Según mi experiencia, ellos también quieren utilizar su energía para ayudarme a crear magia.

Algunas personas pueden sentirse reticentes ante la idea de conectarse con sus antepasados, bien porque fueron personas tóxicas o sencillamente porque no los conocieron. No pasa nada.

Debes saber que no hace falta que te conectes con nadie con quien no quieras hacerlo. Como bruja, puedes establecer un montón de conexiones más, como contigo misma o con la Madre Tierra. Y también puedes elegir un linaje en el que no naciste pero del que te sientes próxima, como una familia adoptiva o encontrada. Y siempre puedes formar una relación con antepasados a los que jamás conociste.

Haz un altar: crea un pequeño espacio al que puedas dirigirte cuando quieras conectarte con ellos. Coloca fotos, reliquias familiares o un platito con romero para crear un punto de atención en tu altar. Yo he observado que tener una vela y encenderla antes de hablar o desahogarme con ellos establece muy bien el tono espiritual.

Pide que te echen una mano: si tienes problemas y necesitas un consejo externo, acude a tu altar. Plantéales una pregunta clara y luego saca una carta de tarot u oráculo para que represente su respuesta. Intenta ser todo lo objetiva que puedas a la hora de interpretarla. También puedes pedirles que te acompañen en tus hechizos si quieres contar con un empujoncito mágico o simplemente un poco de ayuda extra mientras haces tu trabajo.

Haz cosas que ellos apreciarían: yo, por ejemplo, cuando quiero honrar a mi difunta hermana, voy a la playa, porque a ella le entusiasmaba. Estoy realmente convencida de que está a mi lado disfrutando tanto como yo. Según he podido comprobar, ellos aprecian cualquier esfuerzo, sea grande o pequeño. De todas formas, el simple hecho de vivir la vida según tus propios términos y tomar las mejores decisiones para ti es una forma de honrar su legado. Tú eres parte de ellos y viceversa, así que lo único que desean es verte feliz y prosperando.

* ✳ **TIRADA DE CARTAS** ✳ *

CARTA 1	*CARTA 2*	*CARTA 3*
La mejor forma de honrar a mis difuntos (es decir, a tus seres queridos fallecidos o a tus antepasados)	La mejor forma de honrarme a mí	La mejor forma de hacer las dos cosas al mismo tiempo

Mercurio retrógrado

Cuando Mercurio está retrógrado, da la impresión de que se mueve hacia atrás, aunque no sea así.

No es más que una ilusión, un engaño de la vista.

Mercurio retrógrado solo sucede unas pocas veces al año y dura unas semanas, pero a *muchísima* gente le da miedo, igual que la energía hacia atrás que trae consigo, sobre todo en cosas como las comunicaciones, la tecnología y los viajes.

Tu avión, tu tren o tu taxi podrían tener retraso.

Podrías enviar de forma accidental un mensaje sensible a la persona equivocada.

Se te podría romper el ordenador portátil en el peor momento posible.

Podrías tener un malentendido inmenso con alguien muy cercano a ti.

Un ex podría aparecer de repente sin venir a cuento y provocarte sentimientos confusos.

Los inconvenientes se van acumulando y da la impresión de que todo aquello que podria salir mal *va* a salir mal, aunque en realidad no es así; es solo la *impresión* que te da a ti.

Soy la primera en admitir que a veces se produce el caos sin ningún motivo ni razón. Sin embargo, en mi opinión el caos que tiene lugar durante Mercurio retrógrado suele ser el que sí tiene un *propósito*.

Si escarbas un poquito más, verás que siempre tiene algo que enseñarte.

Algunas personas se niegan a firmar contratos en esa época, pero yo lo he hecho unas cuantas veces y todo ha salido bien. Tomé sencillamente unas medidas extra para asegurarme de que todo estaba en orden: los leí varias veces, planteé las preguntas importantes, etc.

Mercurio retrógrado te da la oportunidad de ir más despacio y de pensar las cosas con más cuidado. También puede hacer hincapié en lo que no está funcionando demasiado bien para que puedas emprender algunas acciones muy necesarias.

Mi consejo es que permanezcas enraizada, que pienses muy bien todo lo que hagas y que te prepares para lo peor. Sobrevivirás.

APUNTE PARA TU DIARIO MÁGICO: *¿Alguna vez has tenido un momento de Mercurio retrógrado? Echando la vista atrás, ¿qué consejo te darías a ti misma para superarlo?*

* ✳ TIRADA DE CARTAS ✳ *

CARTA 1	*CARTA 2*	*CARTA 3*
Lo que puedo esperar en este Mercurio retrógrado	Cómo manejarlo con elegancia	La lección valiosa que me va a enseñar a largo plazo

Si crees que está estresada,
no es así.

No importa
lo que le echen encima…

Encontrará una forma de afrontarlo.

Sencillamente, déjale que coja primero su caldero.

Sentirse abrumada por los ciclos

Ufff.

He tenido que escribir mucho, así que estoy segura de que tienes mucho que leer.

A estas alturas, podrías estar sintiéndote abrumada por los muchos ciclos que existen y que podrías tener que seguir (y no he hablado ni de lejos de todos aquellos en los que vives; esto no ha sido más que una muestra para empezar).

Ya sé, ya sé. Yo también lo he pasado.

Aquí tienes algunas cosas que debes tener en cuenta para seguir avanzando:

Puedes incorporarlos poco a poco: por ejemplo, cuando yo empecé mi práctica, solo celebraba una o dos de las festividades de la rueda del año. A medida que fue pasando el tiempo, fui poco a poco incorporando más cuando sentía que podía manejarlas. Entiendo lo difícil que puede llegar a ser, sobre todo si estás intentando estar al día con todas las demás fiestas y también con el resto de tus responsabilidades. ¡De todas maneras, esto no es ninguna carrera, así que por favor no lo trates como tal!

No hace falta que los incorpores todos: ¡eh, prescindir por completo de los ciclos y hacer magia cuando te parece adecuado está muy en consonancia con mi libro! Quizá te apetezca respetar algunos y otros, no. O quizá quieras trabajar solo con determinadas partes de algunos de ellos y saltarte aquellas que no te hacen vibrar. Todo es válido.

No hace falta que los respetes constantemente: yo solía liberar siempre que había luna llena y manifestar cuando había luna nueva, pero eso se me quedó anticuado en seguida porque descubrí que no tenía tantas cosas que liberar o manifestar. Ahora lo hago solo cuando tengo algo concreto en la mente. Tampoco lanzo un hechizo de prosperidad todos los jueves, pero cuando tengo uno que quiero que funcione, me aseguro de hacerlo *ese día*; ¿lo captas?

No hace falta que lo des todo: no tienes por qué hacer un hechizo para cada parte de cada ciclo. Darle un reconocimiento silencioso puede ser suficiente, así que saca una carta del tarot o prepara una comida en su honor. Haz aquello para lo que tengas energía. Además, es muy probable que hacer magia cuando no te apetezca haga que no sea tan eficaz.

Justo cuando creía que
no había más magia que hacer,

abrió la puerta de su casa
y por ella entró el cielo crepuscular

para recordarle su propia
inmensidad sin límites.

Más grande que el maldito universo entero.

Cuarta parte

Más magia

Siempre hay más magia

Ya casi hemos llegado al final del tiempo que vamos a pasar juntas, pero, por suerte, todavía podemos hacer un poquito más de magia antes de despedirnos y seguir cada una por nuestro camino.

He pensado que sería divertido incluir unos pocos hechizos más que puedes hacer. El objetivo de esta sección es que sea un conjunto de trabajos que aborden cosas que puedes tener que afrontar en tu vida cotidiana: inseguridades, autoaceptación, rupturas amorosas. Es muy posible que no necesites algunos de estos hechizos en este momento, ¡pero sí probable que los vayas a necesitar más adelante!

Para cada trabajo he escrito también sugerencias de ciclos concretos con los que considero que resulta más lógico alinearlo. Ahora bien, no son más que sugerencias, no exigencias. Como con todos los hechizos de este libro, puedes hacerlos en el momento en el que te sientas intuitivamente llamada para ello.

Hacia el final del capítulo encontrarás dos páginas que te resultarán útiles a la hora de crear tus propios hechizos desde el principio. Si quieres, puedes ir directamente a esa parte o volver a ella cuando te sientas preparada (si la idea te resulta aterradora en sí misma, eso significa que probablemente sea el momento de ponerla en práctica. Haz aquello que te asuste).

APUNTE PARA TU DIARIO MÁGICO: *¿Qué es cierto en este punto de tu práctica y no lo era al principio? ¿Cuál crees que ha sido el desafío mayor hasta este momento? ¿Cómo te ha servido, tanto a ti como a tu vida en su conjunto?*

Hechizo para acabar
con tus inseguridades

Este no es un hechizo para acabar con —o liberar— las cosas que más inseguridad te provocan. Eso no resultaría demasiado empoderador, ¿no te parece? Su intención es más bien acabar con el propio sentimiento de inseguridad. No te va a librar de tus estrías, pero sí (o eso espero) de la vergüenza que sientes cada vez que te las miras o piensas en ponerte un top o unos pantalones cortos en público (te recomiendo encarecidamente que hagas este hechizo en combinación con el siguiente).

ES PREFERIBLE HACERLO EN

Sábado / luna llena / Samhain

LO QUE VAS A NECESITAR

Tu diario mágico
Un utensilio para escribir

INSTRUCCIONES

APUNTE PARA TU DIARIO MÁGICO: *Escribe en tu diario mágico una lista de tus mayores inseguridades. Expresa cada una de la siguiente forma: «Mi inseguridad acerca de mi _____ » (este hechizo está diseñado para características físicas, ¡pero puede servir todo aquello que te venga a la mente!).*

Cuando tengas hecha la lista, léela de arriba abajo.

A continuación, repite: «He llegado a la conclusión de que estas inseguridades ya no me sirven. Por tanto, ya no las acojo en mi vida.

197

Lo siento (no lo siento), pero ya no dispongo de tiempo ni energía para ninguna de vosotras. Por tanto, acabo con vosotras... *para siempre*. Que así sea».

Coge el utensilio para escribir (a ser posible un bolígrafo o rotulador para representar la permanencia) y tacha de forma agresiva toda la lista. Continúa hasta que ya no consigas leer ni una palabra. Rompe el papel. No tengas clemencia alguna mientras acabas con tus sentimientos de inseguridad.

Cuando te sientas satisfecha, corta esa página de tu diario mágico. Haz una bola con ella, pisotéala, pásale por encima la rueda de la bicicleta o del coche. Tírala en algún lugar lejos de tu casa (pero no al suelo) para asegurarte de que jamás vas a volver a sentir esas cosas.

* ✳ TIRADA DE CARTAS ✳ *

CARTA 1

Mi mayor inseguridad

CARTA 2

Lo que me hizo sentirme insegura acerca de esto

CARTA 3

Por qué es un desperdicio de mi preciado tiempo y energía

Hechizo para aceptar tus «defectos»

Para este hechizo necesitas recordar las características físicas que te producían sentimientos de inseguridad y que vimos en el hechizo anterior. Es importante hacer algo más que acabar con estos sentimientos y declarar que el trabajo está concluido. Tus defectos te hacen bella de una forma exclusiva, así que con este hechizo vas a traer un poco de amor y aceptación a tu vida.

ES PREFERIBLE HACERLO EN

Viernes / luna nueva / Bealtaine

LO QUE VAS A NECESITAR

Lápiz de labios rojo o rosa (opcional — véanse las instrucciones)
Pósits
Un utensilio para escribir
Tu diario mágico

INSTRUCCIONES

Píntate los labios de rojo o rosa.

Por cada cosa que en su momento hizo que te sintieras insegura, da un beso a un pósit (otra posibilidad, si no te sientes cómoda con los labios pintados o no te apetece hacerlo, es besar el pósit sin pintalabios, porque seguirá conteniendo la misma energía mágica).

Colócate el pósit en el lugar correspondiente. Si, por ejemplo, las cicatrices de tus muslos te provocaban inseguridad, ponte uno en esa zona. Al colocar cada uno de ellos en el sitio que le corresponde, di: «Esta parte de mí merece amor y aceptación, así que amor y aceptación es lo que le doy ahora».

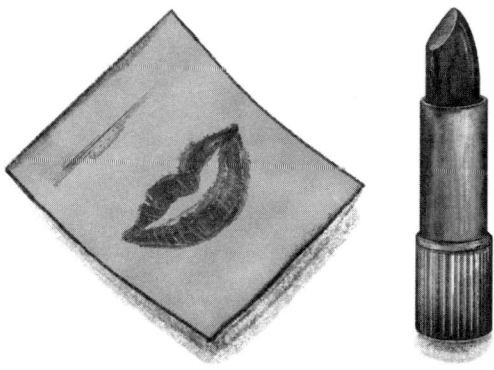

Al colocarte el último, di: «Que así sea».

Cuando hayas terminado, quítatelos. Etiquétalos con el lugar que ocuparon y pégalos en una página de tu diario mágico. Titúlala así: «He jurado amar y aceptar estas partes de mí, pase lo que pase».

APUNTE PARA TU DIARIO MÁGICO: *Llévalo un paso más allá. De vez en cuando, vuelve a la página de los pósits y coge uno. Haz algo para dar a esa parte de ti un amor extra durante ese día: quiérela o muéstrala de una forma especial y sin pedir disculpas. Más tarde, escribe sobre la experiencia.*

✶ TIRADA DE CARTAS ✶

CARTA 1	CARTA 2
¿Cuál de mis defectos exclusivos me hace más hermosa?	La forma de darle un beso metafórico

¿Crees que el mar podría sentirse en algún momento avergonzado por la forma de sus olas?

Yo tampoco me avergonzaré de las mías.

Curvas sagradas.

Hechizo para curar un corazón partido

Es muy probable que, de una forma u otra, alguien te haya roto el corazón, ya sea una pareja amorosa, un amigo, un miembro de tu familia, un ídolo o quizá incluso tú misma. A veces el corazón se rompe cuando no se cumple un deseo o cuando has perdido algo importante. Sea cual fuere tu circunstancia, es posible que este hechizo constituya un bálsamo muy necesario para tu alma.

ES PREFERIBLE HACERLO EN

Lunes / luna menguante / Yule

LO QUE VAS A NECESITAR

Cartulina roja
Tijeras
Una bandeja pequeña o mediana
Hojas de menta secas

INSTRUCCIONES

Recorta un corazón en la cartulina roja, lo suficientemente pequeño como para que quepa bien en la bandeja (resulta útil doblar la cartulina por la mitad y dibujar medio corazón a partir del pliegue. Luego lo recortas y… ¡bam, ya tienes tu corazón!)

Corta una línea en zigzag por el centro del corazón de cartulina. Coloca ambos trozos en la bandeja asegurándote de que no se toquen entre ellos.

Contémplalo mientras cuentas todo lo sucedido. ¿Qué ocurrió? ¿Cómo te hace sentir? ¿Qué te preocupa o te asusta de ahora en adelante? Llora si sientes el impulso de hacerlo (esto puede ser un proceso sanador por sí mismo). Échalo todo afuera.

Coge cada una de las mitades del corazón y vuelve a unirlas. Di: «Aunque esta situación me ha provocado mucho dolor, reconozco que me ha enseñado algo valioso, incluso si todavía no consigo verlo. Elijo repararlo para sí poder poner en movimiento esa lección».

Por último, espolvorea la menta seca (si no tienes, puedes abrir una bolsita de infusión de menta y utilizar su contenido) sobre el corazón ahora entero para aportarle un toque sanador extra. Cuando hayas terminado, di: «Que así sea».

APUNTE PARA TU DIARIO MÁGICO: *Si tu mejor amiga acudiera a ti con el corazón partido, ¿qué consejo le darías? Escribe en tu aplicación de notas o en tu diario mágico un borrador de texto (¡no lo envíes!) y vuelve a leértelo para ti. Probablemente haya algo que tú también necesitas escuchar.*

✳ TIRADA DE CARTAS ✳

CARTA 1	CARTA 2	CARTA 3
Quién era yo antes de que se me rompiera el corazón	Quién seré después	La sabiduría vital que he obtenido

Hechizo para dejar el hábito de leer malas noticias

No sé si a ti te pasa lo mismo, pero cuando está sucediendo algo malo en el mundo yo tiendo a acudir a las redes sociales y repasar durante horas y horas las distintas publicaciones asimilando todas las reacciones. En la mayoría de los casos, ni siquiera tengo intención de hacerlo, pero se convierte en algo casi hipnótico y me resulta imposible parar. Al cabo de un rato, me empieza a doler la cabeza de tanta pantalla y me encuentro en un estado mental espantoso. Si a ti también te sucede lo mismo, entonces haz este hechizo para cortarlo de raíz.

ES PREFERIBLE HACERLO EN

Miércoles / luna menguante / Ostara

LO QUE VAS A NECESITAR

Tu teléfono móvil
Una bolsita con cierre de cuerdas o una caja
Un cristal de amatista

INSTRUCCIONES

En cuanto muestres señales de que vas a empezar a hacer un repaso de malas noticias (o de cualquier tipo de repaso hipnótico del móvil), apaga el teléfono inmediatamente. Si quieres ir todavía un paso más allá, en cuanto se apague puedes limpiarlo utilizando una campana.

Introdúcelo en una bolsita con cierre de cuerdas o en una caja y colócalo en tu altar. Pon el cristal de amatista encima porque, junto con todas sus demás propiedades mágicas asombrosas, también se utiliza para aliviar conductas adictivas.

Di: «Mi deseo de repasar malas noticias ha desaparecido. No me distraigo de percibir mis sentimientos, pero tampoco me obsesiono con ellos. Voy a coger la información que he aprendido, por muy triste que sea, y a reflexionar sobre ella a solas. A partir de este momento, integro el tiempo de uso de las pantallas de una forma más beneficiosa. Que así sea».

Deja el teléfono en el altar todo el tiempo que puedas. Te sugiero entre tres y cinco horas, si fuese posible, o incluso el resto del día.

Después, sigue manteniéndote informada de lo que ocurre en el mundo y despierta conciencias en las redes sociales. De todas formas, si llegas a un punto de fijación poco saludable, haz un descanso y vuelve cuando te sientas mejor.

APUNTE PARA TU DIARIO MÁGICO: *¿Qué tipo de relación mantienes con tu móvil? ¿Cómo influye en tu vida diaria? ¿Y en tu práctica de la brujería?*

* ✳ TIRADA DE CARTA ✳ *

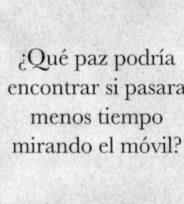

¿Qué paz podría encontrar si pasara menos tiempo mirando el móvil?

Hechizo de infusión para tranquilizarte

Hay ocasiones en las que soy absolutamente incapaz de manejar mis nervios, así que me tomo esta infusión para que me ayude a tranquilizarme. He comprobado que duermo mejor si me la tomo alrededor de una hora antes de acostarme. Por supuesto, no es un sustituto de ningún tratamiento médico (nada de lo que contiene este libro lo es), y debes recurrir a un profesional si sufres cualquier trastorno continuado relacionado con la ansiedad o el insomnio.

ES PREFERIBLE HACERLO EN

Lunes / luna menguante / Yule / Mercurio retrógrado

LO QUE VAS A NECESITAR

Una taza de infusión de lavanda o manzanilla
Miel o una alternativa a esta
Una cuchara

INSTRUCCIONES

Prepara tu infusión de lavanda o manzanilla siguiendo las instrucciones.

Asegúrate de que tu espacio está tranquilo y en silencio antes de empezar; debe ser así con cualquier hechizo, pero resulta especialmente importante en este.

Si quieres, puedes ponerte algo que te reconforte, como un jersey o una manta. Puedes sentarte en un almohadón suave o abrazar a tu peluche preferido. Haz aquello que te ayude, ¿de acuerdo?

Añade la miel o la alternativa a esta (por ejemplo, sirope de agave o de arce) a la infusión. Mientras la remueves para disolverla (intenta hacerlo en el sentido de las agujas del reloj, porque este hechizo pretende *crear* calma), di: «Estoy completamente tranquila. Estoy completamente serena. A partir de este momento, tengo una paz mental completa y total. Que así sea».

Tómate la infusión en silencio. Reconoce y libera todos los pensamientos incómodos que surjan.

APUNTE PARA TU DIARIO MÁGICO: *¿Qué es lo que te da una sensación mágica de consuelo?*

* ✳ TIRADA DE CARTAS ✳ *

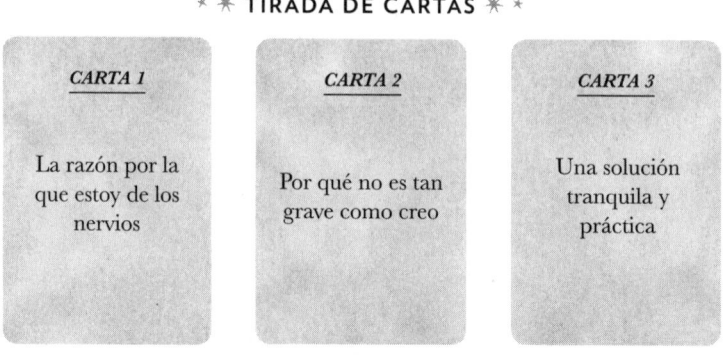

CARTA 1	*CARTA 2*	*CARTA 3*
La razón por la que estoy de los nervios	Por qué no es tan grave como creo	Una solución tranquila y práctica

De la forma en la que ella lo ve,

puede, o bien preocuparse por

cosas que no puede controlar,

o bien tomarse una infusión,

y quizá echarse una siesta,

y luego centrarse en lo que *sí* es capaz de controlar.

Y también lo recomienda encarecidamente.

Hechizo para centrarse en lo importante

¿Alguna vez has tenido una tarea o algo que sabes que necesitas hacer (responder correos electrónicos, limpiar el cuarto de baño) pero tenías la mente centrada en cualquier otra cosa *excepto* esa? Haz este hechizo para convencerla de que se centre en lo que importa (también es perfecto para tareas como examinarse o hacer una presentación en el trabajo).

ES PREFERIBLE HACERLO EN

Miércoles | luna creciente | Imbolg

LO QUE VAS A NECESITAR

Una bandeja pequeña o mediana
La carta del tarot del Caballero de Espadas
5-6 cristales pequeños de fluorita arcoíris

INSTRUCCIONES

Coloca la carta del Caballero de Espadas en el centro de la bandeja (este Caballero en concreto tiene fama de fijar la vista en una idea y cargar contra ella... ¡justo la energía que quieres conseguir con este hechizo!).

Coloca los cristales de fluorita arcoíris formando un círculo alrededor de la carta.

Siéntate y concéntrate durante unos momentos en el contenido de la bandeja; da a tu hechizo tanta energía *focalizada* como puedas. Hazlo entre tres y cinco minutos, por ejemplo (considéralo como una meditación con un propósito mágico específico).

A continuación, pronuncia esta afirmación: «Toda mi atención está centrada en (la tarea que tienes entre manos) durante (el tiempo previsto). Hago lo que tengo que hacer cuanto antes y de la forma más eficaz. Mientras lo hago, estoy absolutamente tranquila, nunca estresada. Los resultados son de calidad, no solo de cantidad. Que así sea».

¡Puedes coger uno de los cristales de la bandeja y llevarlo encima mientras haces tu tarea!

APUNTE PARA TU DIARIO MÁGICO: *¿A qué aspecto de tu práctica mágica podría venirle bien un poco más de atención? ¿Te has estado retrasando en tu rutina de tarot o dejando para otro momento un hechizo que deberías haber hecho hace semanas? ¿Tienes pendiente alguna lectura relacionada con la brujería a la que tienes que hincarle el diente?*

⁎ ⁎ TIRADA DE CARTAS ⁎ ⁎

CARTA 1	CARTA 2	CARTA 3
Lo que tengo que hacer	Lo que me está distrayendo	Cómo eliminarlo para poder centrarme

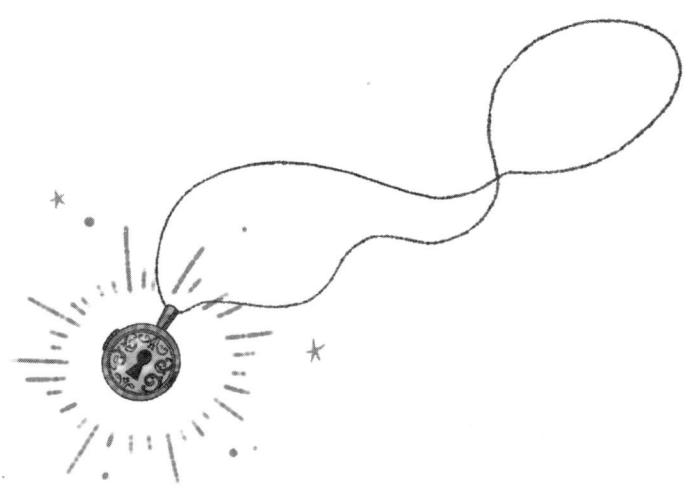

Hechizo para asumir lo asombrosa que eres

Una confesión: todavía sigo sufriendo el síndrome de la impostora en lo que se refiere a ser escritora. He estado en las listas de libros más vendidos, he ganado premios, he llenado el aforo en mis lecturas… pero sigo atravesando periodos en los que dudo de mis habilidades y me convenzo a mí misma de que soy un fraude que no merece nada de todo esto. ¡Si alguna vez pasas momentos de este tipo en los que dudas de ti misma, haz este hechizo para asumir lo increíble que eres!

ES PREFERIBLE HACERLO EN

Martes / luna llena / Bealtaine

LO QUE VAS A NECESITAR

Tu diario mágico
Un utensilio para escribir
Un trozo de papel
Un colgante relicario

INSTRUCCIONES

APUNTE PARA TU DIARIO MÁGICO: *Descríbete como si fueses la fabulosa protagonista principal de una novela de fantasía épica. ¿Por qué se te conoce? ¿Cuáles son tus logros? No tengas miedo de mezclar realidad con ficción o de fanfarronear un poco.*

Coge un trocito de papel y escribe tu línea favorita de esta descripción, esa que hace que te sientas imparable, la que te hace sentirte bien de ser *tú.*

Enrolla o dobla el papelito todo lo que sea necesario, introdúcelo en el relicario del colgante y vuelve a cerrarlo.

Sostén el colgante entre tus manos y di: «No soy ninguna impostora. Soy exactamente lo que he dicho que soy: (la línea de tu autodescripción). Nadie ni nada puede jamás quitarme eso, ni siquiera yo misma. Que así sea».

¡Ahora tienes un colgante que actúa como recordatorio eterno de que eres increíble!

✳ TIRADA DE CARTA ✳

Algo que recordar
cuando pierdo de
vista lo increíble
que soy

Hechizo para perdonarme a mí misma

Lo cierto es que todos somos humanos y podemos cometer errores; a veces, sin embargo, puede resultar difícil asumirlo. Usarías mejor tu energía si aceptaras lo que has hecho y aprendieras a convivir con ello (nota: esto *no* es una alternativa a asumir la responsabilidad).

ES PREFERIBLE HACERLO EN

Viernes / luna menguante / Imbolg

LO QUE VAS A NECESITAR

Tu diario mágico
Un utensilio para escribir
Un sobre
Ramitas de lavanda
Cinta adhesiva

INSTRUCCIONES

APUNTE PARA TU DIARIO MÁGICO: *Quiero que escribas una carta perdonándote por tu error. No excusándote, sino perdonándote. Hay una diferencia enorme. En ella, asegúrate de incluir algunos planes para rectificarlo (si fuese necesario o posible) y sigue adelante.*

Cuando hayas terminado, léela en voz alta para ti. Dobla el papel y métrelo en el sobre. Pon tus señas (puedes ponerlas completas o solo escribir tu nombre por delante) y ciérralo.

A continuación, coge las ramitas de lavanda y pégalas en la parte delantera del sobre (he comprobado que esta planta tiene una energía de perdón muy suave).

Sostén la carta entre tus manos y di: «La autocompasión es hermosa, y con esto me la entrego a mí misma libremente y sin restricciones. Ya no me castigo por capítulos que se cerraron hace mucho y que no pueden reescribirse. Yo, sé consciente de que te perdono tus equivocaciones. Aunque no puedas corregir esta situación, todavía tienes tiempo para tomar mejores decisiones. Que así sea».

* ✳ TIRADA DE CARTA ✳ *

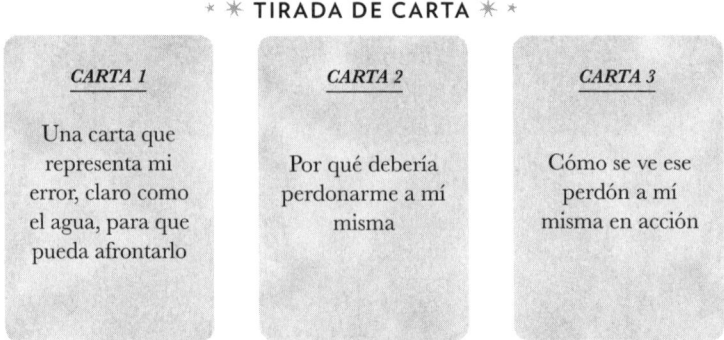

CARTA 1

Una carta que representa mi error, claro como el agua, para que pueda afrontarlo

CARTA 2

Por qué debería perdonarme a mí misma

CARTA 3

Cómo se ve ese perdón a mí misma en acción

Hechizo para ser una tía con suerte

Todas necesitamos a veces un pellizquito extra de suerte. Este es un hechizo que yo haría si, por ejemplo, estuviera intentando aumentar mis posibilidades a la hora de comprar un coche, hacer una oferta para una casa, apuntarme como candidata para adoptar un gato o esperar de un modo u otro que las cosas me fueran favorables (para el bien de todos y sin perjuicio para nadie, como siempre). ¡Espero que también te resulte útil a ti!

ES PREFERIBLE HACERLO EN

Jueves / luna nueva / cualquier festividad de la cosecha

LO QUE VAS A NECESITAR

Una vela verde en un candelabro
Un símbolo de aquello para lo que necesitas suerte

Un objeto personal que te dé suerte (opcional)
Un encendedor o unas cerillas

INSTRUCCIONES

Coloca la vela verde en el centro de tu espacio de trabajo.

A un lado de ella, coloca un símbolo de aquello para lo que necesitas suerte, como una copia de la solicitud rellenada (si no tienes nada, escribe una descripción de lo que deseas).

Al otro lado de la vela coloca tu objeto personal de la suerte. Es posible que tengas un cristal, un coletero o incluso la típica prenda de ropa interior que te dé suerte. No te voy a juzgar sea lo que sea.

Enciende la vela. Cierra los ojos. Imagina con mucho detalle lo que supondría que esta situación se desarrollara a tu favor. Asegúrate de incorporar ese sentimiento cuando digas: «Me siente superfeliz ahora que tengo _____. Soy una tía con suerte. Que siga siéndolo para siempre». Dilo tres veces en total y termina con «Que así sea».

Si puedes, deja que la vela se consuma y espera a ver qué sucede.

APUNTE PARA TU DIARIO MÁGICO: *En mi opinión, cualquier objeto que designes como de la suerte se convierte con ello en mágicamente afortunado. ¿Cuál es tu objeto mágicamente de la suerte? ¿Qué tipo de suerte te ha concedido?*

⁎ ⁎ TIRADA DE CARTAS ⁎ ⁎

CARTA 1	*CARTA 2*
El estado actual de mi suerte	Cómo permanecer o entrar en el esquema mental de ser la tía con suerte que soy

Hechizo de olla hirviente para ser una bruja feliz

¿Alguna vez has tenido la sensación de que necesitabas un empujoncito de positividad? Haz esta olla para animar a salir a la bruja feliz que albergas en tu interior (esto claramente *no* está diseñado para tratar o curar problemas emocionales graves. Este hechizo es solo para ocasiones alegres). Y trae consigo un extra: ¡un poco de energía feliz para tu casa también!

ES PREFERIBLE HACERLO EN

Domingo / luna llena o nueva / Litha

LO QUE VAS A NECESITAR

Una olla
Agua del grifo
Una cocina o un hornillo
Rodajas de naranja
3 ramas de canela
Un puñado de clavos enteros
Una cuchara de cocina grande

INSTRUCCIONES

Llena la olla hasta la mitad con agua del grifo. Ponla sobre la cocina o el hornillo y caliéntala hasta que hierva.

Mientras está hirviendo, incorpora con cuidado las rodajas de naranja (para aportar felicidad y alegría), las ramas de canela (calor y energía) y los clavos (protección contra la energía negativa). Deja hervir el agua con todo dentro unos minutos más.

Remueve el contenido de la olla en el sentido de las agujas del reloj mientras dices: «Soy una bruja feliz. Este es mi hogar feliz. Ninguna energía negativa puede rondar por aquí. Que así sea».

Baja el fuego y deja que el agua hierva despacio de forma constante.

Deja que tu olla haga su trabajo entre tres y cinco horas. Regresa para vigilarla cada treinta o cuarenta minutos y repón el agua que se haya evaporado. Cuando hayas terminado, escurre la olla. Tira a la basura o al compost los ingredientes.

APUNTE PARA TU DIARIO MÁGICO: *Escribe acerca de algo que puedas hacer para que tu hogar o tu espacio mágico sea un lugar más agradable.*

⁕ ⁕ TIRADA DE CARTA ⁕ ⁕

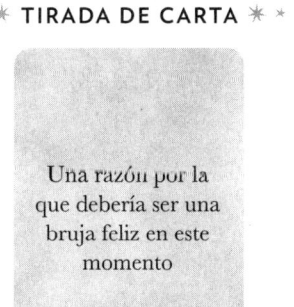

Una razón por la que debería ser una bruja feliz en este momento

Hay tantísimas razones
para estar triste
en un mundo como este.

Es decir, mira a tu alrededor…
Luego intenta ver con nuevos ojos,
aunque solo sea por un momento.

Nombra al menos una cosa que,
a pesar de todo, te hace
querer respirar una vez más.

Yo lo haré primero:
Tú.

Inspira.

Hechizo de café para cualquier cosa que desees

¿No te había dicho que te iba a enseñar a hacer hechizos de café? Son extremadamente versátiles y pueden utilizarse para cualquier cosa que desees (tal y como sugiere el título), porque la cafeína aporta energía a cualquier intención que le des. Son especialmente apropiados para cosas que quieras que sucedan rápido… es decir, *ahora mismo*. Considéralo un paso hacia la creación de tus propios hechizos.

ES PREFERIBLE HACERLO EN
Cualquier día por la mañana

LO QUE VAS A NECESITAR
Una taza de café
Las cosas que sueles añadirle normalmente

216

Una cucharilla o removedor
Canela en polvo (opcional)

INSTRUCCIONES

El primer paso no puede ser más sencillo: prepara una taza de café. Ponle la leche o el endulzante que quieras (este hechizo funciona también con el café preparado para llevar que más te guste).

No es necesario, pero también puedes asignar propiedades mágicas a los ingredientes. Yo, por ejemplo, cuando me preparo el café por las mañanas, le pongo leche con la intención de aligerar mi estrés. Cuando le añado el azúcar, lo hago con la intención de que mi día sea un poquito más dulce. Puedes buscar en Google las propiedades mágicas más habituales de los ingredientes que uses, pero yo no estoy demasiado a favor de eso para el día a día. Prefiero correspondencias personales cortas y sencillas.

Al remover el café (en el sentido de las agujas del reloj para manifestar, en el contrario para hacer desaparecer), di tu afirmación. Puede ser algo como «Vivo esta jornada más fuerte que nunca» (manifestar) o «Se me da de maravilla disolver todos los desafíos que se interpongan hoy en mi camino» (hacer desaparecer). Personalízala para *tu* jornada.

Si tienes canela en polvo, échale un poquito por encima mientras dices: «Que así sea». Como tiene una energía tan fogosa, impulsará tu intención todavía más.

✶ ✳ TIRADA DE CARTAS ✳ ✶

CARTA 1	CARTA 2
¿Qué es lo que más deseo conseguir en este momento?	¿Cómo puedo aportarme la energía necesaria para ir a por ello?

Crea tu propio hechizo

¡Muy bien, ha llegado por fin el momento en el que debes crear tu propio hechizo! Consulta los siguientes apuntes para tu diario mágico cuando tengas un tema en mente. No hay razón alguna para que estés nerviosa. Leyendo y haciendo, has aprendido muchísimo… ¡ahora solo queda ponerlo en práctica!

- ◆ ¿Por qué estás haciendo este hechizo? ¿Qué es lo que esperas conseguir al lanzarlo?

- ◆ ¿Quieres *manifestar* o *hacer desaparecer* algo? (Si no estás intentando hacer que algo se vaya, o desaparezca, entonces lo más probable es que estés intentando crear algo, es decir, manifestarlo).

- ◆ ¿Cuándo vas a lanzar el hechizo? Utilizando una combinación de tus conocimientos brujeriles y tu intuición, toma la decisión basándote en lo que te parezca más lógico (¿un día determinado de la semana? ¿una fase lunar? ¿una festividad de la rueda del año?).

- ◆ ¿Qué herramientas vas a utilizar? Pueden ser cristales, hierbas, velas, cartas o cualquier objeto que te resulte mágico a ti. Aunque te sientas intuitivamente atraída hacia algo, expresa con palabras por qué lo has elegido. No incluyas cosas solo por incluirlas. Muchas veces, lo más sencillo *es* lo mejor.

- ◆ Escribe una afirmación que quieras incluir en tu hechizo. No lo hagas a la ligera y dedícale un tiempo porque todos los demás elementos van a girar en torno a ella. Empodérate y estimúlate con tus palabras y no te olvides de expresar tu intención como si ya hubiera sucedido.

- ◆ ¿Qué acción va a acompañar a tus palabras? Puede ser cualquier combinación de cosas, como hacer una lista, encender una vela o crear un tarro de hechizos. Si corresponde, puedes moverte en un círculo en el sentido de las agujas del reloj para manifestar o en el contrario para hacer desaparecer.

◆ Cuando hayas terminado tu hechizo, haz un dibujo para mostrar cómo era (o unos cuantos, dependiendo de los pasos que tuviera). No hace falta que seas una artista. Es solo para que te sirva de ayuda por si tienes intención de repetirlo en el futuro.

◆ ¿Qué tal salió? Reflexiona sobre las sensaciones que te produce tu hechizo justo después de hacerlo, al cabo de una semana, al cabo de un mes e incluso al cabo de un año. ¿Qué resultados tuvo a corto plazo? ¿Y a largo plazo? ¿Hay algo que te gustaría hacer de otra manera la próxima vez?

APUNTE PARA TU DIARIO MÁGICO: *¿Sientes algún miedo o duda a la hora de crear tus propios hechizos? ¿Qué puedes hacer para superarlos, no solo en términos mágicos, sino en un nivel personal? Recuerda que, cuanto más practiques, más cómoda te sentirás.*

Entonces, ¿es esto la despedida?

Aunque este libro concreto esté llegando a su fin, te ruego que no permitas que sea el final de tu viaje mágico.

Que sea solo el principio.

A medida que vayas recorriendo tu camino, lo más probable es que experimentes periodos en los que no te sientas motivada a trabajar con hechizos o incluso que te olvides por completo de que tienes magia. Es algo que les sucede a la mayoría de las brujas experimentadas, incluso a las que lo llevan siendo toda la vida.

Sí, a mí también.

Cuando —*no si*— eso te suceda, no te inquietes demasiado, porque tu magia estará siempre ahí para cuando estés preparada para volver a encontrarla. Utiliza más bien esa energía para acoger tus periodos de calma mágicos. Considéralos como lo que son: una oportunidad para descansar antes de tu siguiente capítulo poderoso.

Mantén este libro cerca de ti. En el instante en que empieces a sentirte perdida, ábrelo otra vez y ve a la página 3. Sumérgete en esas palabras. Busca trocitos de inspiración allá donde puedas. Recuerda tu propio polvo de luna interior, exclusivamente tuyo, y realiza uno de mis hechizos sencillos o, mejor aún, utilízalos para que te inspiren uno que tú misma crees.

Puedes hacerlo todos los años, si quieres. Empieza unas cuantas semanas antes de Yule y ve poco a poco recorriendo las cuatro partes. Considera el primer hechizo como una especie de ritual de rededicación en el que recuerdas —o incrementas— tu ética y también tu magia.

~~Adiós.~~

Nos veremos en otro momento, ya sea en estas páginas o en otras nuevecitas.

Enlazada con amor,

Amanda

APUNTE PARA TU DIARIO MÁGICO: *Al decir por ahora «Hasta siempre», ha llegado también el momento de que te despidas de la persona que eras antes de decidir ser una bruja: todas las viejas creencias que ya no te sirven, todas esas antiguas autolimitaciones. Saca tu diario mágico y escribe una carta muy sentida dando las gracias a tu antiguo yo por todo lo que te ha conducido hasta ese momento y por la forma en la que la decisión ha mejorado (eso espero) tu esquema mental y tu vida.*

Referencias

Jessica Defino. «It's Time to Rethink the "Trend" of Burning Sage on Instagram». Fashionista. https://fashionista.com/2019/11/burning-sage -cultural-appropriation.

Agradecimientos especiales

- *A mi cónyuge poeta, Parker Lee:* gracias por escuchar mis sueños y por darme el espacio y también el apoyo que he necesitado mientras iba poco a poco haciéndolos realidad. Los cafés con leche y menta fueron también un apoyo inmenso. ♥

- *A mi agente literaria, Lauren Spieller:* gracias por creer que podía escribir un libro como este y que iba a tener éxito. Sin ti y tu trabajo incansable, mi obra no habría encontrado el hogar tan increíble que encontró. ¡Eres la MEJOR!

- *A mi equipo de RP:* gracias no solo por estar de acuerdo en publicar esto, sino por vuestro entusiasmo tan increíble acerca de mi trabajo. Sería imposible estar en mejores manos.

- *A mis lectores de beta:* gracias a Christine Day, Summer Webb y Mira Kennedy por seguirme a través del cambio de género y por los comentarios honestos que sirvieron de ayuda para que este libro se convirtiera en el mejor libro posible.

- *A mis amigos y familiares:* gracias a aquellos que siempre me estáis animando, con independencia de lo que decida escribir.

- *A mis lectores:* ¡¡¡gracias, gracias, gracias!!! El simple hecho de que hayáis apostado por mis palabras significa para mí todas las estrellas del cielo. Espero que este libro os haya hecho creer en vuestra capacidad de hacer realidad todos vuestros sueños. Si no fuese así, entonces espero que al menos quede precioso en vuestra librería.

- *A mi ilustradora, Raquel Aparicio:* ¡gracias por las ilustraciones más mágicas que podría querer una escritora brujeril!

Acerca de la autora

Amanda Lovelace (ella/elle) es la autora de varios títulos de poesía que han alcanzado un gran nivel de ventas, entre los que se incluyen su celebrada serie *Women are some kind of magic* y su propia trilogía de cuentos de hadas. Es también cocreadora de la baraja oráculo *Cree en tu propia magia*, de la baraja de tarot *Cozy Witch* y ahora la autora de su primer libro sobre brujería, *Haz tu propia magia*. Cuando no está leyendo, escribiendo o tomando una taza de café muy necesaria, puedes encontrarla lanzando hechizos desde su hogar en un pueblo (muy) pequeño de la costa de Jersey, donde reside con su cónyuge-poeta y sus tres gatos.

Sigue a Amanda

@ladybookmad

@ladybookmad

amandalovelace.com